PRÓLOGO POR
CHRISTINE D'CLARIO

UNA VIDA
MEJOR

LECCIONES QUE TRANSFORMAN VIDAS

CHRISTY MULLER

Vida®

La misión de Editorial Vida es ser la compañía líder en satisfacer las necesidades de las personas con recursos cuyo contenido glorifique al Señor Jesucristo y promueva principios bíblicos.

UNA VIDA MEJOR
Publicada por Editorial Vida – 2020
Nashville, Tennessee
© 2020 Christy Muller Monrouzeau
Este título también está disponible en formato electrónico.

A menos que se indique lo contrario, todas las citas bíblicas han sido tomadas de La Santa Biblia, «NTV», Nueva Traducción Viviente, © Tyndale House Foundation, 2010. Usada con permiso de Tyndale House Publishers, Inc., 351 Executive Dr., Carol Stream, IL 60188, Estados Unidos de América. Todos los derechos reservados.

Las citas bíblicas marcadas «RVR1960» han sido tomadas de la Santa Biblia, Versión Reina-Valera 1960 © 1960 por Sociedades Bíblicas en América Latina, © renovada en 1988 por Sociedades Bíblicas Unidas. Usada con permiso. Reina-Valera 1960® es una marca registrada de la American Bible Society y puede ser usada solamente bajo licencia.

Las citas bíblicas marcadas «NVI» son de la Santa Biblia, Nueva Versión Internacional® NVI®. Copyright © 1999, 2015 por Biblica, Inc.® Usada con permiso de Biblica, Inc.® Reservados todos los derechos en todo el mundo.

Las citas bíblicas marcadas «LBLA» son de La Biblia de las Américas®, © 1986, 1995, 1997 por The Lockman Foundation. Usada con permiso.

Las citas bíblicas marcadas «TLA» son de La Traducción en Lenguaje Actual © 2000 por Sociedades Bíblicas Unidas. Usada con permiso.

Las citas bíblicas marcadas «RVC» son de la Santa Biblia, Reina-Valera Contemporánea® © Sociedades Bíblicas Unidas, 2009, 2011. Usada con permiso.

Las citas bíblicas marcadas «RVR1995» son de la Santa Biblia, Versión Reina-Valera 1995 © 1995 por Sociedades Bíblicas Unidas. Usada con permiso.

Las citas bíblicas marcadas «NBV» son de la Nueva Biblia Viva © 2006, 2008 por Biblica, Inc.® Reservados todos los derechos en todo el mundo.

Las citas bíblicas marcadas «DHH» son de La Biblia Dios Habla Hoy, Tercera edición © Sociedades Bíblicas Unidas, 1966, 1970, 1979, 1983, 1996. Usada con permiso.

Las citas bíblicas marcadas «BHTI», son de la Biblia Hispanoamericana, Traducción Interconfesional © Sociedad Bíblica de España.

Las citas bíblicas marcadas «PDT» son de la Palabra de Dios para Todos © 2005, 2008, 2012, Centro Mundial de Traducción de la Biblia.

Todos los derechos reservados. Ninguna porción de este libro podrá ser reproducida, almacenada en ningún sistema de recuperación, o transmitida en cualquier forma o por cualquier medio —mecánicos, fotocopias, grabación u otro—, excepto por citas breves en revistas impresas, sin la autorización previa por escrito de la editorial.

Los enlaces de la Internet (sitios web, blog, etc.) y números de teléfono en este libro se ofrecen solo como un recurso. De ninguna manera representan ni implican aprobación o apoyo de parte de Editorial Vida, ni responde la editorial por el contenido de estos sitios web ni números durante la vida de este libro.

Editora en Jefe: *Graciela Lelli*
Edición de Contenido: *José Mendoza*
Edición: *Sofía Martínez*
Adaptación del diseño al español: *Grupo Nivel Uno, Ltd.*

ISBN: 978-0-82974-093-6

CATEGORÍA: Religión / Vida Cristiana / Crecimiento Personal

IMPRESO EN ITALY
PRINTED IN ITALY

21 RTLO 10 9 8 7 6 5

Dedicatoria

Dedico este libro a la mujer más fiel y noble que he conocido, mi mamá, Selmy Monrouzeau. Gracias por tus cuidados y amor.

UN REGALO ESPECIAL

Deseando que disfrutes de
Una vida mejor

Presentado a:

....

Por:

....

El día:

....

Índice

PARTE 1: SALUD EMOCIONAL

PARTE 2: MADUREZ ESPIRITUAL

Introducción

Querido lector:

Una vida mejor es lo que muchos anhelamos, pero pocos alcanzamos. Estoy segura de que, si te pregunto si deseas tener una mente llena de paz, crear relaciones saludables que te llenen de felicidad y ver concretizadas aquellas metas que tanto anhelas, me responderás con un gran «¡Sí!». Estoy convencida de que lograr todo esto es posible, pero no ocurrirá de manera accidental; necesitamos ser intencionales en lograr sanar y madurar.

Este libro está diseñado precisamente para alcanzar ambas cosas en tu vida. La primera parte del libro, llamada «Salud emocional», te brindará mucha luz para que puedas ver con claridad lo que hay en tu interior y cómo puede ser reparado. La segunda parte del libro, «Madurez espiritual», es un desafío a crecer hasta alcanzar convertirte en la persona que puedes llegar a ser.

***Una vida mejor* es más que un libro; es un diario personal.** Esta obra no solo te invita a ser lector, sino que podrás tomar parte activa en cada capítulo mientras me acompañas en la sección «Un momento para mí». En el transcurso de la vida estamos expuestos a mucha información, pero no es el cúmulo de conocimiento lo que nos transforma, sino el saber cómo aplicarlo y tomar acción. Es por esta razón que en «Un momento para mí» te invito a reflexionar sobre tu vida y te guío para que juntos podamos diseñar el plan de cómo aplicarás lo que estás aprendiendo. Si utilizas este libro para discutirlo en grupos pequeños, esta sección es fantástica para dirigir las conversaciones con tu célula.

¿Listo para el viaje?

Christy Muller Monrougeau

Compromiso

En el transcurso de nuestra vida nos comprometemos con personas, como podría ser una pareja. También nos comprometemos a realizar funciones específicas, tal vez en el trabajo, la iglesia o la comunidad. Este compromiso que te invito a hacer hoy es especial porque de ambos lados del escritorio estás tú; las dos firmas son tuyas. Es un compromiso contigo mismo. Muchas veces nos proponemos metas y no las alcanzamos porque no somos perseverantes. El compromiso que haremos aquí se trata de comenzar esta travesía hacia tu sanidad y madurez sin detenernos hasta finalizarla.

Yo _____ me comprometo conmigo mismo, hoy _____, a dedicar un tiempo diariamente para exponerme a la verdad que me presenta este libro con la firme convicción de que es una herramienta efectiva para lograr mi crecimiento y sanidad.

Prólogo por Christine D'Clario

¿Qué es vivir? A lo largo de los siglos esa pregunta ha embargado la mente de la humanidad. Más que el espacio de tiempo que transcurre desde que nacemos hasta que morimos, *vida* es la *calidad* del tiempo que tenemos sobre la tierra. Es realmente dejar nuestra marca en este planeta y cumplir nuestro destino a su máximo potencial. Es disfrutar al máximo de todo lo bueno de la creación en honor al Creador que nos lo ha dado todo. Precisamente Dios es quien nos muestra que Su deseo es que vivamos nuestras vidas plenamente. En Juan 10.10, Él dice: «... yo he venido para que tengan vida, y para que la tengan en **abundancia**» (RVR1960, énfasis propio).

Pero, ¿qué sucede cuando ocurren situaciones en nuestra vida que hacen que nos sea difícil creer que podemos vivir una vida abundante? ¿Cómo podemos aprender a sanar las marcas y heridas de nuestro pasado que nos impiden llegar a esa vida en plenitud? Aceptar al Señor Jesucristo como Salvador es el primer paso, pero ¿qué sigue en el proceso de vivir nuestra mejor vida? Amigo y amiga que lees, justamente tienes en tus manos una llave que creo te ayudará a alcanzar esa meta.

En estas páginas encontrarás relatos, lecciones y llaves que seguramente abrirán puertas de sanidad para tu vida. *Una vida mejor* nos invita a mirar nuestra propia vida y saber cómo podemos vivirla con esa plenitud que Dios desea para nosotros. Nos llama a evaluar si nuestras circunstancias y experiencias pasadas nos han quebrado de alguna manera y ver cómo podemos sanar. Nos muestra cómo mejorar nuestros hábitos y pensamientos, y entregarnos por completo a Dios para vivir al máximo. Cada capítulo te motivará a mirar tu interior y aplicar los principios que aprendes. Las oraciones específicas que acompañan cada sección te ayudarán a entrar en la presencia de Dios y mantenerte allí.

La autora, Christy Muller, ha sido dotada de muchos dones. Es mujer, esposa, hija, buena amiga, consejera. Tiene una inteligencia excepcional, es excelente oradora y es una mujer ungida y llena de Dios. Entre sus muchas cualidades, es notable la asombrosa habilidad que tiene para enseñar. Al leer cada página, me sentía como si estuviera en clase, recibiendo lecciones, no de una materia pasajera, sino para el mejoramiento de mi propia vida. Ella cuenta con una sabiduría que, sin duda, proviene de Dios, y con ella nos trae principios que penetran en el corazón y hacen que los conceptos divinos se queden grabados en la mente y el alma. Christy es una excelente contadora de historias y, como Jesús, nos enseña principios de bendición a través de parábolas reales de nuestros tiempos modernos. Estas páginas encierran claves que mueven a la reflexión, el autoexamen y la resolución de conflictos internos que muchas veces no nos damos cuenta que tenemos. Indudablemente, los consejos aquí escritos dibujan un plano que nos ayuda a poder construir «una vida mejor».

Una vida mejor

Salud
EMOCIONAL

«¡Soy todo lo que necesitas!», dice Dios.

Aunque no tenga sol

Capítulo 1

«En él estaba la vida,
y la vida era la luz de los hombres»
(Jn 1.4, LBLA).

Apenas tenía 25 años cuando escuchó a su esposo decir: «Yo no te amo; nunca te he amado». Ellos tenían una niña de apenas 2 años, por lo que Lucy no supo qué hacer ni a dónde ir. Sumergida en una profunda depresión, sintió que la vida había perdido sentido. Los sueños que había anhelado eran con él, la casa que deseó construir sería para vivirla con él, los viajes que deseaba realizar eran con él, la hija que amaba era de él; y ahora él se había ido.

En cada uno de nosotros existe un lugar especial que necesita ser llenado por algo realmente significativo. Algunos colocarán allí personas; otros pondrán trabajos, deportes o algún sueño. A todo aquello que colocamos allí, yo le llamo los «soles» de nuestra vida. Es eso que se convierte en el centro de todo. Eso tan importante que, de faltar, podríamos llegar a pensar que la vida carece de sentido.

NUESTROS SOLES

Te preguntarás por qué los llamo nuestros «soles». La razón es simple. Como todos sabemos, el sol es una estrella que se encuentra en el CENTRO de nuestro sistema solar; la Tierra y todos los demás planetas giran alrededor de ella.

El sol es indispensable para nuestra sobrevivencia. Si este desapareciera, la oscuridad se apoderaría del planeta porque el sol es nuestra fuente de luz. Las plantas morirían porque no podrían hacer fotosíntesis, por lo que no habría oxígeno para respirar en la Tierra. Además, el planeta se saldría de su eje y alcanzaría niveles tan bajos de temperatura que se congelaría. Por todas estas razones antes mencionadas, la raza humana se extinguiría.

Sin duda alguna el sol es imprescindible. ¡Es nuestra fuente de vida! Por esto pienso que es la mejor manera de representar lo que significan algunas personas o cosas para nosotros. Quizás sientes que no tienes o has perdido aquello que necesitas. Posiblemente dices en tu corazón: «No podré continuar sin esa persona en mi vida» o «La vida carece de sentido si no tengo lo que tanto anhelo». La realidad es que muchas veces, sin darnos cuenta, colocamos personas, cosas o anhelos en el centro de nuestra vida. Comenzamos poco a poco a girar alrededor de ellos y, cuando nos faltan, nuestro interior grita desesperado: «¡He perdido mi sol!» y comienza el caos.

UN MOMENTO PARA MÍ

Todos hemos tenido personas, cosas o anhelos que valoramos inmensamente. ¿Podrías escribir quiénes han sido esas personas o qué cosas son? ¿Puedes identificar por qué han sido tan importantes en tu vida?

_____

_____

_____

Si has perdido alguno de ellos, ¿cómo te sentiste?, ¿cómo lo enfrentaste?

_____

_____

_____

TRES TIEMPOS

Sé que pensar en estas cosas puede traer tristeza a tu vida, pero ahora quiero invitarte a disfrutar de una extraordinaria verdad que traerá una revelación del amor y la fidelidad de Dios por ti.

Hablamos de que el sol es la fuente de vida. Sin embargo, en el principio, Dios no crea el sol el primer día, tampoco el segundo ni el tercero. Dios crea el sol recién el cuarto día de la creación. Pero, ¡esperen un momento! Ya para ese cuarto día, Dios había creado la luz y le había llamado día. También había creado las plantas, que solo pueden hacer fotosíntesis con el sol. Entonces, la pregunta importante es: si los primeros días de la creación no había sol, ¿qué o quién cumplía la importante función de esa estrella?

«En el principio era el Verbo, y el Verbo era con Dios, y el Verbo era Dios. Este era en el principio con Dios. Todas las cosas por Él fueron hechas, y sin Él nada de lo que ha sido hecho, fue hecho. **En Él estaba la vida, y la vida era la luz de los hombres**» (Jn 1.1-4, RVG, énfasis propio).

He ahí la respuesta: ¡DIOS mismo era la luz del mundo! Antes que existiera el sol, Dios mismo era quien llenaba la creación de vida.

¿Habías pensado en esto antes? Aunque el sol parezca tan imprescindible, Dios demostró antes de crearlo que Él es capaz de cumplir su función.

Pero esto no termina allí. No se trata solo del pasado, sino que, así como en el principio Dios llenó de vida toda la creación con Su luz, también nos mostró que será Él quien nos ilumine en el futuro:

«No habrá allí más noche; y no tienen necesidad de luz de lámpara, ni de luz del sol, **porque Dios el Señor los iluminará**; y reinarán por los siglos de los siglos» (Ap 22.5, RVR1960, énfasis propio).

¡Qué poderoso! Dios fue y también será
esa fuente esencial para vivir.

Ahora bien, no solo se trata de nuestro pasado y nuestro futuro, sino que Dios tiene una promesa extraordinaria para tu presente:

«Yo Jesús he enviado mi ángel para daros testimonio de estas cosas en las iglesias. Yo soy la raíz y el linaje de David, **la estrella resplande-ciente de la mañana**» (Ap 22.16, RVR1960, énfasis propio).

«Yo soy». Esa declaración de Dios es en tiempo
presente, por lo que Dios no solo fue, no solo
será, sino que HOY ES TU VERDADERO SOL.

Es mi deseo que alimentes todo tu ser con esta extraordinaria verdad que Dios está revelándote. **¡Él no necesita de nada ni de nadie para preservarte y llenarte de vida; solo a sí mismo!** Así como durante los primeros tres días de la creación no necesitó de un sol externo para dar vida, y en el futuro no necesitará del sol porque Él mismo será nuestra luz, así hoy Dios puede sostenerte sin necesidad de nada ni nadie más. Si colocas a Dios en el centro de tu vida y comienzas a girar alrededor de Él, ten la seguridad de que no morirás ni te destruirás ni caerás en caos porque Él mismo será quien te preserve, sostenga y mantenga estable. Lo ha hecho desde el comienzo y lo hará por toda la eternidad.

¡DIOS ES TODO LO QUE NECESITAS!

Te invito a afirmar esta verdad colocando tu nombre en ella:

«¡DIOS ES TODO LO QUE YO, _____,
(tu nombre)

NECESITO. ESTOY COMPLETO EN ÉL!».

RECONOCE QUE DIOS TIENE UN PLAN

· Te invito a leer Rut 1–4

Rut era una joven que vivía en los campos de Moab. Un día una pareja extranjera llegó con sus dos hijos y se estableció allí. Rut se enamoró de uno de los hijos y se casó con él. Pasados los años, el esposo de Rut murió. De un momento a otro, pasó de ser esposa a ser viuda, de tener compañía a estar sola. Rut perdió su compañero, su estatus y su proveedor, por lo que podríamos pensar que de alguna manera Rut pudo haber sentido que perdió «su sol».

Después de este evento, la suegra de Rut, la cual también había enviudado, le dice que volverá a su tierra de origen. En ese momento, Rut toma una importante decisión y dice: «Tu pueblo será mi pueblo, y tu Dios mi Dios» (Rt 1.16, RVR1960). El Dios de su suegra era Jehová, por lo que Rut declara a Jehová como el Dios de su vida.

Estando ya en Belén, Rut muestra un carácter de servicio y sujeción hacia su suegra, lo que la lleva a ser honrada y considerada como una mujer «virtuosa». Es conduciéndose de esta manera que un hombre rico llamado Booz posa sus ojos en ella.

Si en este punto de la historia nos preguntaran qué habrá representado Booz en la vida de Rut, podríamos pensar que seguramente era el «plan B» porque el «plan A» era la vida que ella había planificado junto con su difunto esposo. Tendemos a pensar que cada vez que un «sol» se va de nuestra vida, entonces, debe surgir un «plan B». Por ejemplo, deseabas un trabajo, lo consigues, permaneces en él durante mucho tiempo y, de un momento a otro, lo pierdes. Ese trabajo era tu «plan A» y ahora piensas que tienes que elaborar un «plan B» porque el primero salió mal.

Sin embargo, la pregunta importante es: ¿Dios lo está viendo como nosotros? ¿Será también el «plan B» para Dios?

Continuemos con la historia de Rut para conocer la respuesta. Rut y Booz se casaron y al tiempo tuvieron un hijo. Este niño fue Obed, el abuelo del rey David, de donde vino nada más y nada menos que ¡JESÚS! ¿Crees que el nacimiento de Jesús no estaba perfectamente calculado desde el principio? Definitivamente lo estaba. Dios sabía toda la genealogía que crearía para traer a Su hijo Jesús al mundo; por tanto, ¡lo que puede haber parecido el «plan B» para Rut era en realidad el «plan A» de Dios!

No sé si te emociona esto tanto como a mí, pero hay una verdad poderosa que nos debe llenar de una profunda confianza: Dios tiene un plan supremo para todos aquellos que le hemos entregado nuestra vida. A pesar de lo que podamos enfrentar en la vida, a pesar de todo lo que podamos perder, si colocamos a Dios como nuestro único centro, podemos tener la confianza de que siempre estaremos en el «plan A» de Dios.

UN MOMENTO PARA MÍ

¿Cómo te sientes al saber que, a pesar de que tu «plan A» no resultó como esperabas, siempre puedes confiar en que Dios tiene un plan supremo para ti que lo supera todo?

_____

_____

_____

_____

_____

LA HISTORIA DE LUCY

Así como con Rut, Dios tenía un plan para la vida de Lucy que trascendía cualquier pérdida o fracaso, pero ella debía tomar una decisión para alcanzarlo: **volver a Dios a Su lugar**, al centro mismo de su vida. Debía comenzar a girar alrededor de Él y de ninguna otra cosa o persona.

Mira la siguiente ilustración:

Todo lo que lleguemos a apreciar o amar en nuestra vida debe girar alrededor de Dios. Así como los planetas giran alrededor del sol, todo lo que ames o anheles debe girar alrededor de Él. De esa forma, cuando algo no esté en tu vida, no te desestabilizarás porque eso nunca fue tu centro, sino solo una parte de tu vida. Tener a Dios como centro nos llena de una gran seguridad porque Él, además de ser el único ser con la capacidad de llenarnos de vida, nunca nos abandona. «No temas [...] porque el Señor tu Dios estará contigo, no te dejará ni te abandonará» (Dt 31.6, NBV).

Lucy decidió firmemente colocar su relación con Dios por encima de todo lo que amaba o sentía y de esa forma lo convirtió en el centro de su vida. En medio del dolor, la incertidumbre y la pérdida, Lucy descubrió que, a pesar de cualquier ausencia, Dios tiene todo el poder para brindarle la estabilidad emocional, mental, física y espiritual que necesitaba. Hoy Lucy tiene un poderoso ministerio que ha impactado a miles de personas. Dios reconstruyó cada área de su vida porque ¡DIOS mismo es la VIDA!

Oración: «Padre, hoy te he escuchado hablar a mi corazón. Sé que has sido tú quien siempre ha estado y estará conmigo. Ayúdame, Espíritu Santo, a vivir cada día entendiendo en mi corazón que tú eres suficiente para mí y que no necesito nada ni nadie más para mantenerme estable y lleno de vida. Gracias, Señor, porque tengo propósitos en ti y soy incuestionablemente amado por ti. Por Jesús. Amén».

Escribe en tus propias palabras lo que quisieras decirle en este momento al Señor:

_____

_____

_____

_____

Piensa en al menos tres decisiones que debas tomar basado en lo que has aprendido hoy:

1. Posible decisión: Admito que quizás no soy tan consciente de la presencia de Dios en mi vida y de la estabilidad que esa relación me puede brindar. Desde hoy, decido considerar mi relación con Dios como una prioridad, dedicando _____ minutos por día a hablar con Él y leer Su palabra.

2. _____

3. _____

Es más fácil identificar la idolatría
cuando se trata de imágenes en un rincón
que cuando esas «imágenes»
están esculpidas en el corazón.

Renunciando a nuestros soles

Capítulo 2

«No tendrás otros dioses delante de mí. [...].
No los adorarás ni los servirás;
porque yo, el SEÑOR tu Dios, soy Dios celoso...»
(Éx 20.3,5, LBLA).

En el capítulo anterior aprendimos que, desde el principio hasta la eternidad, Dios es nuestra verdadera fuente de vida, por lo que nadie ni nada debe ocupar Su lugar. Hoy profundizaremos más en la historia de Lucy para descubrir lo que está escondido en nuestro corazón cuando elegimos colocar a otras personas o cosas como los «soles» de nuestra vida.

Oro para que lo que hoy te será revelado te lleve a tomar la decisión de no volver a colocar nada en el lugar que solo le pertenece a Dios.

DÍAS OSCUROS

Era un día oscuro en la vida de Lucy cuando comenzó a sentir voces que le susurraban: «Te estás volviendo loca». Habían pasado meses desde que su cónyuge se había marchado y aún no había podido superar el dolor de su partida. No se concentraba en el trabajo y no dormía en las noches. Por un lado, no soportaba quedarse sola, mientras que, por otro lado, le producía ansiedad estar acompañada. Ningún estado era cómodo y nada le producía paz. Temía lastimar a su hija; temía lastimarse a sí misma. Lucy había caído en un abismo del que no sabía cómo salir.

Sin duda, el perder algo que amamos es duro para cualquier ser humano. Llorar, estar tristes, a veces desanimados, es parte del proceso. Sin embargo, si perdemos la estabilidad mental, al grado de sentir que nos abandona la cordura, y si nos afecta hasta el punto de no querer vivir, entonces, tenemos que aceptar que le habíamos cedido a lo que perdimos un lugar equivocado en nuestra vida.

LOS SOLES DE NUESTRA VIDA

Recuerdo cuando era pequeña escuchar hablar sobre el concepto de la idolatría. Personas de ciertas religiones acusaban a otras de ser idólatras porque tenían imágenes a las que adoraban e invocaban. Sin embargo, al estudiar las Escrituras, me doy cuenta de que el significado de la idolatría es mucho más amplio que eso y no se limita únicamente a estatuas o imágenes físicas.

Lee detenidamente la siguiente definición de *idolatría*: «Admiración excesiva que se siente y demuestra por medio de acciones y actitudes por una persona o por una cosa». Nota que dice que la admiración es *excesiva*.

La admiración es algo natural. Podemos admirar a profesores, artistas, líderes, políticos o religiosos porque vemos en ellos características que son de nuestro agrado. Esto resulta en algo positivo porque, si canalizamos bien esa admiración, podría convertirse en una fuente de inspiración y ejemplo para nosotros.

Sin embargo, cuando esta admiración es excesiva, se transforma en idolatría y es pecaminosa a los ojos de Dios. El Señor dice en Su Palabra: «No tendrás otros dioses delante de mí. [...]. No lo adorarás ni los servirás; porque yo, el SEÑOR tu Dios, soy Dios celoso...» (Éx 20.3,5, LBLA).

Este es uno de los Diez Mandamientos, lo que significa que no tener a nada ni a nadie en el centro de nuestra vida fuera de Dios no es una sugerencia ni un consejo, sino un mandato establecido por nuestro Señor, que deja claro que el centro de nuestra vida solo le corresponde a Él.

¿Recuerdas el gráfico del capítulo anterior en el que colocamos a Dios como nuestro sol? Dios quiere que entendamos que Él **no es un planeta**. Es decir, Él no tomará otro lugar en tu vida que no sea el centro. Nosotros muchas veces deseamos que Dios simplemente nos acompañe mientras nosotros tenemos el control, tomamos decisiones alejados de Él y servimos a otras cosas que amamos. Dios es claro en cuanto a Su posición en nuestra vida. No te engañes: Él no tomará otro lugar.

UN MOMENTO PARA MÍ

¿Puedes identificar a alguien a quien hayas admirado mucho? ¿Qué viste en esa persona que te hizo sentir tal admiración? ¿Puedes identificar si esa admiración generó algún sentimiento en ti (cariño, amor, idolatría, envidia, celos, otros)?

_____

_____

_____

_____

EL GRAN LADRÓN

Si alguien piensa que la idolatría no lastima al ser humano, seguramente no ha prestado atención a la historia del pueblo de Israel.

La Biblia nos relata los maravillosos planes que Dios tuvo para este pueblo. Dios había determinado convertir a Israel en una gran nación (Gn 12.2). Cuando cayeron bajo el yugo de esclavitud de los egipcios, Dios determinó libertarlos y darles una tierra fértil para que tomaran posesión de ella (Éx 3.17). Pero no solo eso, sino que, de todas las naciones de la tierra, Dios escogió a Israel para que fuera Su pueblo y Él ser Su Dios (Éx 6.7).

La respuesta de este pueblo ante este extraordinario amor de Dios no fue la esperada. En la Biblia, Dios mismo habla con dolor de la respuesta del pueblo en aquel tiempo:

«... Pero ustedes me cambiaron a mí, que soy el Dios verdadero y glorioso, por dioses que no sirven para nada. [...]. "Ustedes pueblo mío, cometieron dos pecados; me abandonaron a mí, que soy para ustedes una fuente de agua que les da vida, y se hicieron sus propios estanques que no retienen el agua. Yo era su guía, pero ustedes me rechazaron"...» (Jer 2.11,13-15, TLA).

El pueblo de Israel tenía un corazón arrogante. No quería aceptar ni someterse al gobierno de un Dios que les dio todo. En cambio, corrompieron sus corazones, buscando otros objetos de su adoración. Tristemente, creo que cada uno de nosotros puede llegar a cometer este mismo error. **Dios, como nuestro Señor, puede tener planes extraordinarios para nuestra vida; sin embargo, nosotros huimos de Su autoridad y, en lugar de rendirnos a Él, buscamos personas a quienes amar con devoción y trabajos o sueños a los cuales servir con pasión. Podemos incluso llegar a pensar que nuestros planes son mejores que los de Dios, que el estilo de vida que deseamos llevar es más divertido que el que establece Dios o que las personas que escogemos llenarán los vacíos que solo Él puede llenar.**

El corazón arrogante del pueblo de Dios los llevó a la idolatría, y la idolatría a la esclavitud, exactamente al lugar adonde todavía seguimos dirigiéndonos.

«Antes, cuando no conocíais a Dios, erais esclavos de dioses que en realidad no lo son. Pero ahora que conocéis a Dios, o mejor dicho, que Dios os conoce a vosotros, ¿Cómo podéis volver a someteros a esos débiles y pobres poderes y a haceros sus esclavos?» (Gá 4.8-9, DHHE).

¡Dios nos revela algo poderoso en este versículo! **Cuando nosotros colocamos algo o a alguien en el centro de nuestra vida, nos hacemos sus esclavos; literalmente, nos sometemos a poderes que nos esclavizan.** ¡Cuántas personas han perdido su cordura, su estabilidad mental o emocional, incluso su propia vida, por cederle a una persona o cosa un lugar más alto del que le correspondía! Es triste cuando el trabajo, el ministerio, las cosas materiales, la pareja o cualquier otra cosa o persona se vuelve el dios falso de nuestra vida. Esa no es la voluntad de Dios. Dios no te diseñó para que vivieras sometido a lo transitorio de este mundo, sino que te pensó para la vida, la libertad y la eternidad. El privilegio de tener todas estas cosas ¡costó un alto precio! Por tanto, no podemos permitir que la idolatría nos robe todo lo que Jesús pagó por nosotros en la cruz del calvario. Pensar que tendremos una vida mejor amarrados a lo terrenal y alejados de Cristo y Su señorío sobre nuestra vida es sencillamente imposible.

¡NO MÁS ESCLAVITUD!

Es maravilloso cuando nuestra vida se llena de madurez no solo para aceptar nuestro dolor, sino también para asumir la responsabilidad por los errores cometidos. Ese fue el caso de nuestra querida Lucy. Ella aceptó que, aun siendo cristiana y sierva del Señor, había colocado a su esposo en un lugar que solo le corresponde a Dios. Lo supo cuando su vida se convirtió en un caos tras su partida. El identificar la idolatría no siempre es fácil porque a veces le llamamos «amor», pero, mis queridos lectores, Dios no la llamó así. Admirar a alguien o algo excesivamente no es amor, sino que es idolatría y eso es pecado.

> La libertad comienza cuando reconocemos
> nuestro pecado y asumimos responsabilidad.

Lucy se arrepintió y renunció al pecado de la idolatría tomando la decisión de no volver a admirar a nada ni nadie más de forma excesiva. Lucy ya no es más esclava del temor, la ansiedad y la depresión porque, así como la idolatría te esclaviza, ¡el mantener a Dios como centro de tu vida te hace libre!

¡Hoy es el día para que, al igual que Lucy, tú también seas libre! Decide renunciar a toda idolatría, a todo dios falso, ¡a toda esclavitud! Reorganiza tus prioridades y coloca tu relación con Dios por encima de cualquier otra relación o cosa en tu vida. Pídele que te enseñe a amar a las personas sin idolatrarlas, a honrar a cada uno sin colocarlos en un lugar que solo le pertenece a Él, a ser dedicado en tu trabajo sin que este tome Su lugar, a luchar por tus sueños sin que estos remplacen los de Él para tu vida.

UN MOMENTO PARA MÍ

Con honestidad, ¿crees que hay alguien o algo en tu vida que está ocupando un lugar que no le corresponde? ¿Puedes identificar cómo esto te ha afectado?

_____

_____

_____

_____

_____

Oración: «Señor, te pido que me perdones por mi idolatría. Ayúdame a poder amar a las personas, a valorar lo que tengo y a tener sueños, pero sin colocarlos como el centro de mi vida. Padre, te reconozco como el único Dios verdadero; por tanto, declaro que desde hoy tú eres mi centro. En el nombre de Jesús. Amén».

Escribe en tus propias palabras lo que quisieras decirle en este momento al Señor:

_____

_____

_____

_____

Piensa en al menos tres decisiones que debas tomar basado en lo que has aprendido hoy:

1. _____

2. _____

3. _____

No es que se haya ido; es que está escondido.
No es que sea débil; es que ejerce su poder sigilosamente.

El oso que hiberna

Capítulo 3

«… Más bien, una cosa hago: olvidando lo que queda atrás
y esforzándome por alcanzar lo que está delante, sigo avanzando…»
(Fil 3.13-14, NVI).

En los capítulos anteriores vimos cómo el pensar que necesitamos de algo o alguien, fuera de Dios, para ser felices es lo que nos lleva a colocar ídolos en nuestra vida. Ahora bien, ¿qué nos llevó en primer lugar a tomar esas decisiones? De hecho, ¿qué nos impulsa a tomar la mayoría de las decisiones de nuestra vida?

Cada decisión, actitud o sentimiento no surge en el vacío, sino que tiene una raíz. A veces esa raíz es tan profunda que no logramos verla. A veces lleva tanto tiempo allí que nos hemos acostumbrado a ella. A veces está tan escondida que parece que ha desaparecido. Hoy voy a mostrarte el poder que hay en esa raíz. Descubrirás la autoridad que tiene y que posiblemente has ignorado, para que mirándola de frente puedas quitarle el poder que ejerce sobre ti.

OSOS PELIGROSOS

No sé si eres fanático de los animales, pero a mí en lo personal el mundo animal me parece fascinante. Quisiera presentarte el principio de hoy utilizando como ejemplo unos osos muy peculiares que habitan en América del Norte. Estos mamíferos duermen entre cinco y siete meses de corrido durante el tiempo que se conoce como hibernación. ¡Sí!, puede sonar increíble, pero estos animales pueden pasar la mitad del año en lo que se ha denominado como su reposo invernal. Lo interesante de este proceso es que, si cualquiera de nosotros viera a unos de estos osos hibernando, creería que están muertos en lugar de dormidos por varias razones que les enumero a continuación:

En primer lugar, el oso entra en una cueva y no vuelve a salir en muchos meses. En segundo lugar, todos sus signos vitales se alteran profundamente. Si tratas de tomar las pulsaciones de su corazón, estas pasan de unas noventa por minuto a solo ocho durante este tiempo. El ritmo respiratorio desciende de diez ciclos por minuto a solo uno cada cuarenta y cinco segundos. Increíble, ¿verdad? También se reduce drásticamente su metabolismo porque, como imaginarán, durante la hibernación, no consumen alimentos ni agua, por lo que no orinan ni defecan. Sin duda, cualquiera de nosotros podría pensar que el oso que yace dentro de la cueva simplemente se murió.

Lo fascinante de todo esto es que, pasado el tiempo, los osos emergen de sus guaridas como si el tiempo no hubiese transcurrido. Salen fuertes, hambrientos y sin duda alguna continúan siendo muy peligrosos. Y es que, aunque el oso parecía estar muerto, en realidad estaba dormido.

Dentro de cada uno de nosotros existe algo muy parecido a un oso en hibernación, y es nuestro pasado. Al igual que los osos, el pasado es fuerte, tiene autoridad y podría destruirnos. Podríamos cometer el error de pensar que el pasado está muerto, que lo hemos dejado atrás, que al ignorarlo desapareció, que al no hablar de él perdió su poder. Sin embargo, el pasado es como estos osos cuando hibernan. No está muerto, sino que aún está latiendo dentro de nosotros y en cualquier momento saldrá de su guarida para mostrarnos cuán vivo está.

EL PASADO Y SUS ALIADOS

Hay dos seres en combate que se alían con el pasado. Uno de ellos es Satanás. Es necesario que entiendas que él va a intentar usar tu pasado para destruir tu presente y no dejarte avanzar hacia un futuro distinto. El enemigo no tiene control sobre tu futuro, por lo que se aferra a lo que sí conoce, tu pasado. Él es un torturador y va a intentar por todos los medios utilizar lo que has vivido para lastimarte, dañarte y detenerte.

El segundo ser que puede aliarse con tu pasado es tú mismo. Tristemente, cuando no nos ocupamos del pasado como es debido, nos podemos convertir en nuestros propios agresores al tomar decisiones o actitudes equivocadas.

Recuerdo a una mujer que tuvo un pasado muy doloroso. Sufrió abuso físico, emocional y sexual. Nunca habló de todo lo que le sucedió en su niñez. Pensó que, al no hablar sobre su pasado, este simplemente desaparecería. Pasados los años conoció a un joven y se casó con él. Desde el primer año de casada constantemente decía: «Algún día mi esposo me dejará por una mujer más atractiva que yo». Ella consideraba a su esposo muy guapo, mientras que ella cargaba con un corazón destruido por el abuso que no le permitía ver su propia belleza. El pasado había hecho estragos en su vida y al no enfrentarlo nunca le quitó autoridad. Ella se convirtió en una aliada de ese pasado y, sin darse cuenta, ella misma estaba provocando que el hombre que amaba la abandonara.

No debemos subestimar el pasado, esto Pablo lo entendía muy bien. Por eso, decidió que, en lugar de aliarse a él, asumiría autoridad, como lo vemos en esta importante declaración: «… Más bien, una cosa hago: olvidando lo que queda atrás y esforzándome por alcanzar lo que está delante, sigo avanzando…» (Fil 3.13-14, NVI).

Nota que dijo «sigo avanzando», que es un presente continuo. El quitarle autoridad al pasado es un proceso, no un evento. Y este proceso no es pasivo, sino que es activo, por lo que requiere esfuerzo. Permíteme explicarme: por un lado, en un proceso pasivo, subestimamos el daño que pueden causarnos las experiencias del pasado y simplemente vivimos tratando de ignorarlo. Por otro lado, en el proceso activo no se subestima el daño que podrían habernos causado ciertos eventos ni tampoco el poder que pueden tener sobre nuestras decisiones en el presente. Pablo tuvo que detenerse y escribir esta verdad en las Escrituras porque es allí donde Dios revela Su voluntad para nosotros, y esa voluntad divina es que seas libre de toda experiencia del pasado que ejerce una autoridad agobiante. Como Pablo en su momento, para lograrlo tendremos que «esforzarnos por alcanzar lo que está delante».

UN MOMENTO PARA MÍ

¿Crees que hay experiencias de tu pasado que están afectando tu presente de forma negativa? ¿Podrías escribir de algunas de estas experiencias y cómo crees que te están afectando?

_____

_____

_____

¿Cómo sueles manejar esas experiencias que te afectan? ¿Hablas de ellas con alguna persona o simplemente intentas ignorarlas?

_____

_____

_____

OSOS QUE DESPIERTAN

Permíteme mostrarte la importancia de no ignorar el pasado con la siguiente historia.

Era la década de 1980 y un reconocido evangelista se presentaba en la televisión impactando a miles de personas con su mensaje. Fue uno de los pioneros del televangelismo; sus programas eran transmitidos en más de 3000 estaciones de diferentes países y así llegaba a cientos de miles de televidentes. Durante años fue un hombre muy admirado, hasta que de repente un día un escándalo de índole moral lo obligó a detener su ministerio. Muchos se mostraron incrédulos ante semejante noticia. Era difícil creer que este ministro tuviera una doble vida. Lo relevante de esta historia es que, cuando se comenzó a auscultar acerca de la vida pasada de este hombre, se descubrió que él arrastraba un pasado del que no había querido hablar jamás. Cuando era apenas un niño, su papá lo llevaba a prostíbulos, exponiéndolo a inmoralidades sexuales a muy temprana edad. Consideremos cuán graves son las repercusiones de esta clase de actos, que en la mayoría de los países son considerados abuso infantil.

Este niño creció y Dios no dejó de tener planes y propósitos para él, a pesar de lo que había vivido. Tenía un llamado, pero también cargaba con un pasado que había mantenido oculto. El no manejar esta área de su vida redundó en que la inmoralidad sexual continuó teniendo autoridad sobre él. Así como el oso puede estar dormido por meses y al tiempo despertar fuerte, las experiencias no atendidas del pasado no mueren, sino que permanecen latentes y con el potencial de dañarnos en el presente.

Hay personas que han llegado hasta el divorcio por eventos no atendidos de su pasado que terminaron afectando sus relaciones presentes. Hay quienes no crean relaciones profundas porque han sufrido traiciones en el pasado. Otros viven en temor o ansiedad por eventos que resultaron traumáticos. Algunos tienen vidas promiscuas debido a la exposición a material pornográfico o porque fueron sexualizados a muy temprana edad. Hay personas que sufrieron mucho rechazo y, por más amados que sean en el presente, nunca llegan a sentir verdadera aceptación. El pasado está vivo hoy en cada uno de ellos y está haciendo estragos en su presente porque «el oso» continúa vivo.

Cualquier cosa que tengas sin atender en tu pasado puede hacerte VULNERABLE. La culpa, las heridas, el dolor, el abandono, cada cosa a la que te has expuesto o has sido expuesto y todo cuanto has vivido podría repercutir en ti y hacerte frágil. Por eso es necesario que, con determinación y con las herramientas que te brindaré en el próximo capítulo, te enfrentes a ese «oso» que te agobia y te ataca. Esa experiencia del pasado que te quita la paz, que te esclaviza, que no te permite ser del todo feliz. Esas experiencias que se esconden detrás de tus fallidas decisiones. Lo que quisiera es que realmente les quites el poder que tienen sobre ti de una vez por todas.

Oración: «Señor, gracias por quitar las vendas de mis ojos y ayudarme a reconocer que tengo que procesar lo que he vivido para alcanzar la salud emocional que necesito y poder cumplir tus deseos en cada área de mi vida. Te pido que me ayudes, Señor, en este caminar que he emprendido. Por Jesús. Amén».

Escribe en tus propias palabras lo que quisieras decirle en este momento al Señor:

_____

_____

_____

Piensa en al menos tres decisiones que debas tomar basado en lo que has aprendido hoy:

1. _____

2. _____

3. _____

¡Vuela, mariposa, vuela!

Renunciando a lo que el pasado dañó

Capítulo 4

«De modo que si alguno está en Cristo, nueva criatura es; las cosas viejas pasaron; he aquí todas son hechas nuevas»
(2 Cr 5.17, RVR1960).

Cuando escucho la palabra «renuncia», la primera imagen que viene a mi mente es la de un empleado entrando a la oficina del jefe para dejar una carta en la que explica que abandonará su trabajo. ¡Qué sencillo sería que así fuera siempre que queremos renunciar en la vida! Sin embargo, sabemos que no es tan sencillo. Hay cosas que hemos vivido y experiencias por las que hemos atravesado que, por más que deseemos dejarlas atrás, nos persiguen. La realidad es que renunciar a lo que el pasado nos dejó no es un proceso simple, ¡pero es posible! En el capítulo anterior descubrimos cuánto poder pueden ejercer sobre nuestro presente las experiencias pasadas. Hoy vamos a adquirir herramientas para que, como Pablo, podamos extendernos a lo que está delante.

DE LA MANO CON JESÚS

No sé si has tenido la oportunidad de leer la novela o ver la película *La Cabaña*. Hay un momento muy especial en la historia en el que Jesús invita a Mack, el protagonista, a correr por encima del agua con Él. Aunque dudoso al principio, Mack acepta la invitación y disfruta poder vivir esta experiencia sobrenatural. Mas adelante, Mack decide volver a intentar caminar sobre el agua, pero en esta ocasión sin Jesús, por lo que no logra hacerlo. Esta es una excelente ilustración del principio que quiero enseñarte. Dios desea que entendamos que cada uno de nosotros necesita ir por encima de sus circunstancias, experiencias y pasado, pero solo lo logrará de la mano con Él. Necesitamos vivir cada proceso acompañados de Su Presencia, y ese es el primer paso que deseo invitarte a dar.

El proceso de mirar al pasado para quitarle autoridad solo es posible de la mano de Jesús y esto tiene una relevancia muy particular. Para que podamos manejar el pasado tenemos que enfrentar lo que vivimos, pero el gran problema es que nuestro cerebro tiene la capacidad de hacer dos cosas con nuestras vivencias. La primera es mantener una memoria retenida; es decir, a nivel consciente no recuerdas lo que sucedió. Lo segundo que podría suceder es que recuerdes las experiencias como las interpretaste o percibiste y no necesariamente como ocurrieron. Por ejemplo, cuando yo tenía alrededor de diecisiete años pensaba que la casa en la que había vivido durante mi infancia era grande. Recordaba unos arcos muy anchos y bonitos en nuestro balcón y una amplia marquesina donde jugaba. Si me preguntabas cómo era mi casa, te hubiese respondido con toda seguridad que era muy grande. Sin embargo, cuando visité la casa ya siendo adulta me di cuenta de que era en realidad una pequeña casa urbana. Esto sucede porque nuestro cerebro puede guardar las memorias no necesariamente como son o sucedieron, sino como nosotros las percibimos.

Por estas razones, si necesitas trabajar tu pasado deberás ir de la mano con Jesús. El Espíritu Santo es capaz de traer a la luz muchas cosas que están ocultas para nosotros. Nos permite ver tanto lo que olvidamos como lo que recordamos de forma distorsionada, para revelarnos la verdad. Hace un tiempo una adoradora muy conocida compartió cómo había olvidado el abuso sexual que sufrió en su infancia, y fue en un proceso de sanidad que Dios trajo estos recuerdos a su mente para que, pudiendo ver el oso con claridad, le quitara autoridad.

En la Biblia vemos cómo el rey David llegó a comprender que hay cosas que verdaderamente no vemos, incluso en nosotros mismos. Él dijo con mucha sinceridad: «¿Quién se da cuenta de sus propios errores? ¡Perdona, Señor mis faltas ocultas!» (Sal 19.12, DHH).

> Invitar a Jesús a revelarnos nuestra propia realidad, a zambullirse junto a nosotros en nuestras memorias y corazón es primordial para tomar autoridad sobre nuestro pasado.

Mi casa está ubicada en un hermoso campo. Casi todos los días, durante la tarde, me gusta ir a caminar y tener conversaciones íntimas con Dios. Durante ese tiempo, mis ojos han sido abiertos muchas veces para comprender cosas que no entiendo, algunas externas y otras de mi propio corazón. Esto no sucedería si solo conversara conmigo misma. Nuestras conversaciones con nosotros mismos giran en torno a cómo vemos las cosas; nos excusamos, racionalizamos, casi siempre salimos inocentes, aunque seamos culpables, o hay quienes salen culpables a pesar de ser inocentes. El caso es que no vemos la verdad y somos fáciles de engañar, incluso por nosotros mismos. Por otro lado, las conversaciones con Dios no giran alrededor de cómo nosotros vemos las cosas, sino de cómo Él las ve. Dios es el único capaz de ver la verdad porque Él mismo es la verdad. Por lo tanto, lo primero que debemos hacer para enfrentar el pasado y el efecto que pudo, puede o podrá tener en nosotros es pedirle a Dios que sea Él quien nos lo muestre. Atrévete a ir al campo y charlar con Jesús.

> ¡Necesitamos al Espíritu Santo para que nos revele nuestro propio corazón!

AYUDA EXTERNA, PERO CON JESÚS

Por mi experiencia académica y profesional estoy convencida de que buscar ayuda es una sabia decisión. **No tenemos que sufrir solos lo que podemos superar acompañados.** Tenemos que desprendernos de la idea infundada de que buscar ayuda es solo para ciertas personas. Todos necesitamos apoyo.

Lo vemos en Jesús mismo cuando les pedía a Sus discípulos en el momento de la angustia que no lo dejaran solo, sino que lo acompañaran a orar.

«Jesús llevó consigo a Pedro y a los dos hijos de Zebedeo, y comenzó a ponerse triste y muy angustiado. Entonces les dijo: "Quédense aquí, y velen conmigo porque siento en el alma una tristeza de muerte". Unos pasos más adelante, se inclinó sobre su rostro y comenzó a orar...» (Mt 26.37-39, RVC).

Jesús sabía a quién tenía que ir: al Padre. Pero también sabía que no tenía que ir solo. Permíteme aconsejarte que no intentes vivir solo tus procesos, busca un profesional de la salud cristiano para que te acompañe y sirva no solo de apoyo, sino también de guía.

Nunca olvidaré a una mujer joven que llegó desecha a mi oficina; había sido abusada por su padre durante muchos años. Esto había provocado en ella muchos comportamientos indeseables a los que quería renunciar. Después de recibir consejería pastoral durante un tiempo, un día, de forma sorpresiva me dijo: «Christy, yo ya no siento odio por mi papá; más bien lo compadezco y oro para que sea salvo». ¡Qué increíble! Permíteme decirte que la primera asombrada por la obra del Espíritu Santo en aquella mujer fui yo. No tenemos idea de cuánto Dios puede obrar en una vida cuando esa vida se expone a Él. ¡Alabado sea el nombre de Jesús! Ahora bien, ese proceso de sanidad se dio gracias a que ella decidió no transitarlo sola, sino que extendió su mano, pidió ayuda y dirección; entonces, Dios hizo Su obra perfecta. Dios utiliza a Sus hijos para traer sanidad.

UN MOMENTO PARA MÍ

Sabiendo que no siempre comprendemos lo que nos sucede o por qué actuamos como actuamos, ¿le has pedido a Jesús que aclare cosas de tu pasado que quizás no ves con claridad? Si es así, ¿puedes mencionar parte de lo que te ha revelado?

_____

_____

_____

Hay quienes ven los procesos de consejería o mentoría como algo que solo ciertas personas necesitan. La realidad es que todos necesitamos apoyo y acompañamiento, no solo en nuestros momentos oscuros, sino en el trayecto de la vida. Dice la Palabra que «mejores son dos que uno» (Ec 4.9, RVR1960). ¿Tienes en tu vida una o varias personas capacitadas a quienes hayas elegido para compartir con ellas tus inquietudes? Escribe sus nombres a continuación. Si no has escogido a nadie, ¿podrías dedicar un momento a pensar quiénes podrían serlo y escribir sus nombres aquí?

_____

_____

_____

ENTREGANDO NUESTRO PASADO A LA CRUZ

«Mas él herido fue por nuestras rebeliones, molido por nuestros pecados; el castigo de nuestra paz fue sobre él, y por su llaga fuimos nosotros curados» (Is 53.5, RVR1960).

En la cruz, Jesús compró no solo nuestra salvación, sino que por medio de esa cruz las puertas de la paz, la libertad, el perdón y la sanidad fueron abiertas para cada uno de nosotros.

Lee este texto y presta atención a la explicación que voy darte a continuación:

«El reino de los cielos es como un tesoro escondido en un terreno. Un hombre encuentra el tesoro, y lo vuelve a esconder allí mismo;

lleno de alegría, va y vende todo lo que tiene, y compra ese terreno»
(Mt 13.44, DHH).

Observa que este hombre había hallado un tesoro. Bien podía tomarlo y
marcharse, pero, como no quiso solo el tesoro, vendió todo lo que tenía para
adquirir toda la tierra. Esto es justamente lo que Dios quiere que hagas: que
no te conformes solo con el tesoro de la vida eterna, sino que vayas y entregues todo lo que hasta hoy ha sido parte de ti: tu dolor, vacío, amargura, inseguridades, deseo de venganza, tu necesidad. Entrega lo que sabes que tienes
que **entregar**, y luego vuelve y **aprópiate** de toda la tierra, que representa
la paz, la libertad, el perdón y la sanidad.

Quiero destacar dos principios importantes aquí. En primer lugar, debes
comprender que apropiarte de una nueva vida en Dios es posible. Hay religiones que piensan que necesitamos reencarnar para ser diferentes. Eso no es lo
que enseña la Biblia y, si miras la naturaleza, descubrirás que hasta ella nos
cuenta una historia diferente. Pensemos en cómo se transforma una mariposa:
no tiene que morir para convertirse en otro ser. El proceso de transformación
es posible en esta misma vida. En la misma vida en que fuimos rechazados,
lastimados, abusados o difamados. En esta misma vida, puede renacer un ser
que está lleno de aceptación, perdón, sanidad y que se sabe amado.

En segundo lugar, debes estar dispuesto a desprenderte de lo que te ha
acompañado hasta hoy. Imagina que la mariposa desee arrastrarse nuevamente como cuando era larva. ¡No puede ser! Ya ha sido convertida. ¡Qué importante es que nosotros no nos aferremos a nuestra antigua condición!

La cantante de la que les hablé al principio ya no es aquella niña abusada;
ahora es una mujer que está segura. Ella, como el hombre de la parábola, fue
y entregó todo lo que tenía, sus temores y desconfianza, la forma de verse a sí
misma y practicar la sexualidad, para apropiarse de la nueva vida que Dios
quería para ella. Una vida en la que está sana y se sabe amada. Su nombre es
Christine D'Clario y juntas te invitamos a que descubras lo nuevo que Dios
también tiene para ti. No te aferres más a tu pasado. Vuela, mariposa. ¡Vuela!

Oración: «Padre, reconozco que tú conoces y entiendes lo que
quizás yo no puedo ver con claridad; por esto, te pido que me ayudes y me reveles aquellas cosas que están ocultas para mí. ¡Quiero

ser libre, Jesús, de todo aquello que me ata y recibir todo lo que compraste para mí en la cruz! Por Jesús. Amén».

Escribe en tus propias palabras lo que quisieras decirle en este momento al Señor:

_____

_____

_____

Piensa en al menos tres decisiones que debas tomar basado en lo que has aprendido hoy:

1. _____

2. _____

3. _____

Aunque sientas morir, ¡reverdecerás!

Reverdecerás

Capítulo 5

*«No moriré, sino que viviré y contaré las
obras del Señor»* (Sal 118.17, LBLA).

En mi país, la temperatura no cambia drásticamente, por lo que el cambio de las estaciones no se hace tan evidente como en otros lugares. Sin embargo, por ser una isla tropical, sí hay temporadas de lluvia y temporadas de sequía. Mi casa está ubicada en un hermoso campo lleno de árboles y flores, por lo que estoy acostumbrada a ver los cambios que estas temporadas causan en la naturaleza. En cierta ocasión, luego de una extensa sequía, recibí la visita de una joven de mi congregación. En medio de la plática, ella se quedó mirando detenidamente uno de los grandes árboles y me comentó con un tono triste: «Christy, ese árbol está muriendo». Inmediatamente, le pregunté por qué pensaba eso. «Porque casi no tiene hojas», me contestó. A eso yo le respondí: «No, el árbol no está muriendo; al contrario, ¡está a punto de reverdecer!».

Este evento es una excelente representación de lo que sucede en nuestra vida. Todos pasamos por diferentes temporadas; algunas son cálidas y llenas de lluvia. Estas las comparo con esos tiempos llenos de ilusión, sueños y salud, cuando estamos rodeados por personas que nos aman, periodos en los que viajamos, disfrutamos y tenemos experiencias nuevas. No obstante, también vienen a nuestra vida esas temporadas de sequía, esos momentos duros, tristes, llenos de desilusión y soledad. Tiempos difíciles donde nos asalta la enfermedad, la crisis y el dolor.

Al igual que estos grandiosos árboles, nosotros también pasamos por todo tipo de temporadas y estoy segura de que, en algún momento, al vernos impactados por ese periodo particular, podríamos llegar a pensar tristemente, como aquella joven, que estamos a punto de morir.

MIS TEMPORADAS

Recuerdo un momento específico cuando de verdad pensé que mi vida se acabaría. Totalmente desilusionada y con un profundo sentimiento de desdicha en mi interior, no encontraba una salida para el estado emocional en el que me encontraba. Mi vida estaba vacía; sentía mi alma muerta dentro de mí y sinceramente les puedo decir que solo deseaba que mi corazón dejara de latir para ya no experimentar aquella angustia.

UN MOMENTO PARA MÍ

¿Has estado atravesando un tiempo en que has pensado que no puedes más? Toma un tiempo para escribir lo que estás pensando y experimentando.

_____

_____

_____

_____

Durante ese tiempo de sequía decidí separarme para estar a solas con Dios. Sentía que las personas que me rodeaban no podían ofrecerme nada que pudiera ayudarme a salir del estado en el que me encontraba. Entonces, corrí a los brazos fuertes y amorosos de aquel Dios que prometió no dejarme nunca y fue allí, encerrada en una habitación, que por primera vez leí estas palabras: «No moriré, sino que viviré y contaré las obras del Señor» (Sal 118.17, LBLA).

¿No moriré? ¡No moriré! Es difícil explicar lo mucho que necesitaba saber que la situación que estaba atravesando no me mataría y que podría salir de allí. Aunque en el momento no encontrara una salida, era la promesa de Dios mismo. ¡No moriré! Como aquel gran árbol cerca de mi casa, de alguna forma que solo Dios conocía, ¡reverdecería!

¡No estás muriendo: estás a punto de reverdecer!

LA TEMPORADA DE JAIRO

Nosotros vemos solo el presente de las cosas y, como aquella joven en el balcón de mi casa, a veces solo somos capaces de ver el estado actual, pero aquel que conoce todas las temporadas ve una historia diferente.

En la Biblia había un hombre llamado Jairo, que fue desafiado a creer lo que Dios ve y no lo que veían sus ojos. Su historia comienza cuando su única hija de apenas doce años enferma gravemente. En medio de su dolor, Jairo busca a Jesús, se postra ante Él y le ruega que lo acompañe a su casa a ver a su hija. Mientras Jesús se dirige a ver a la niña, unos hombres se les presentan y le dan a Jairo la noticia más desgarradora que un padre puede recibir:

«... llegaron mensajeros de la casa de Jairo, el líder de la sinagoga, y le dijeron: "Tu hija está muerta. Ya no tiene sentido molestar al maestro"» (Mc 5.35).

¡Qué doloroso! Por un instante, coloquémonos en la posición de este hombre y pensemos en su angustia. Sin duda, el alma de este papá debió haberse quebrado; la temporada de sequía había llegado.

Luego de aquellas palabras que anunciaban la muerte de la niña, Jesús no se queda callado, sino que interrumpe cualquier pensamiento de desesperanza que Jairo pudiese estar sintiendo y declara: «No tengas miedo. Solo ten fe» (Mc 5.36).

Con esta declaración, Jesús contrasta claramente lo que *no* tenemos con lo que *sí* tenemos que hacer. **No tener miedo; sí tener fe**. Nosotros casi siempre hacemos lo opuesto. Renunciamos a la fe y nos aferramos al miedo. Es importante entender que esta declaración de Jesús no es una sugerencia. Él no dijo: «Intenta no tener miedo. Intenta tener fe». Estas palabras fueron expresadas como un mandato: «No tengas miedo. Solo ten fe». Dios le está dando una orden a este papá y, si bien es cierto que creer no siempre es fácil, la realidad es que Jairo no tiene otra opción. ¿Acaso podría Jairo hacer algo más? La realidad es que Jesús no le está pidiendo lo imposible; le está pidiendo lo único posible. Jairo no puede resucitar a su hija, pero sí puede creer. ¡Puede creer! ¡Puedo creer! ¡Podemos creer! Amado lector, tú y yo podemos creer que Dios hará una intervención sobrenatural en medio de nuestra situación.

El creer en medio del dolor es una muestra de nuestra fidelidad a Dios. Es lo que abre las ventanas de los cielos porque, para el que cree, todo es posible. Yo sé que atravesamos circunstancias en la vida en las cuales nos sentimos cubiertos por un manto de oscuridad, pero necesitamos entender que Jesús no está lejos; está caminando con nosotros, como anduvo con Jairo. Al igual que con él, Dios quiere interrumpir nuestros pensamientos para que escuchemos Su voz que nos dice: «No tengas miedo. Solo ten fe».

> Yo no tengo que hacer nada que no tenga
> la capacidad de hacer; solo debo creer.

Al llegar a la casa de Jairo, Jesús no permite a nadie entrar con Él, excepto a los padres y a tres de Sus discípulos. ¿Sabes que hay momentos en tu vida en los cuales no puedes tener cerca a todo el mundo? Aparte de los que están involucrados, como lo estaban los padres de la niña, Jesús fue selectivo con los que estarían presentes durante el proceso. Hay personas que no tienen la fe para acompañarte en medio de tus procesos de dolor. Personas que han permitido que reine en sus corazones la incredulidad, la depresión, la ansiedad o la contienda. Por eso, es necesario que los mantengas fuera de la casa mientras Dios culmina Su intervención amorosa y milagrosa.

UN MOMENTO PARA MÍ

¿Puedes, al igual que Jesús, identificar quiénes sí te pueden acompañar en tus procesos de dolor y quiénes no?

No me deben acompañar	Sí me deben acompañar

Lo que sucedió después en esta historia es una gran revelación de cómo nosotros ante una situación vemos de una manera algo que Dios ve de una forma totalmente distinta.

«... Pero él dijo: —No lloren, ella no ha muerto, sino que duerme. Ellos se burlaban de él, sabiendo que ella había muerto. Pero él la tomó de la mano y habló a gran voz diciendo: —Niña levántate. Entonces su espíritu volvió a ella y al instante se levantó...» (Lc 8.52-55, RVA-2015).

Nosotros podemos atravesar situaciones que parecen no tener salida. Momentos de oscuridad en los que pensamos que hemos llegado al fin. Sin embargo, el todopoderoso Dios no ve lo mismo que nosotros. En el lugar donde los que acompañaban a Jairo vieron *muerte*, el poderoso Dios vio *vida*. En el lugar donde nuestra fragilidad ve el fin, el Dios del universo declara: «¡Reverdecerá!».

MI VOZ FRENTE A SU VOZ

Al igual que Jairo, en mi momento de necesidad corrí a Jesús y Su Palabra. Recuerdo que Dios me guio a tomar una libreta, que dividí en dos partes. La primera parte decía: «Lo que dice Christy» y la segunda parte: «Lo que dice Dios». En la primera parte, me desahogaba por completo; sin limitaciones permitía que saliera todo lo que llevaba dentro ese día; escribía cómo me sentía y lo que pensaba. Luego, separaba tiempo para leer la Palabra de Dios, ese manantial de vida para el alma sedienta. Mientras leía, escribía en la parte de «Lo que dice Dios» aquellos textos que ministraban a mi vida. Recuerdo cómo allí, entre lágrimas y promesas, decidía abrazarme a la fe.

Cuando leía mi libreta, podía ver claramente a dos personas distintas. Por un lado, yo con mi desdicha. Por otro lado, el Salvador hablando de esperanza y nuevos caminos. Cuando somos hijos de Dios, no podemos vivir escuchando solo nuestra parte. Dios tiene algo que decir, algo importante, verdadero, ¡algo indispensable que dará vida a aquello que sentimos ha muerto!

Fue extraordinario lo que ocurrió ante mis ojos. Con el pasar de las semanas, lo que escribía en mi lado de la libreta iba cambiando dramáticamente y mis pensamientos se iban pareciendo a lo que Dios decía. Exponernos a Su Palabra con verdadero compromiso produce una transformación en nuestra vida y, con el pasar del tiempo, nos vamos pareciendo más a Cristo. Su esperanza va deshaciendo nuestro pesimismo y Su vida va remplazando nuestra muerte.

El versículo del Salmo 118.17 se hará real en tu vida como se hizo en la mía. No morirás, sino que vivirás, y llegarán los días en los que contarás las obras de Jehová porque ten por seguro que tu vida ¡reverdecerá!

Oración: «Padre, desde hoy decido que mis tiempos de sequía no serán regidos por el temor, sino por la confianza de saber que, si tú estás conmigo, ¡yo reverdeceré! Por Jesús. Amén».

Escribe en tus propias palabras lo que quisieras decirle en este momento al Señor:

_____

_____

_____

_____

Piensa en al menos tres decisiones que debas tomar basado en lo que has aprendido hoy:

1. _____

2. _____

3. _____

Nuestros pensamientos revelan nuestra
sanidad o nuestra enfermedad.

Rotos por dentro

Capítulo 6

«Pues aún no está la palabra en mi lengua,
Y he aquí, Oh Jehová, tú la sabes toda»
(Sal 139.4, RVR1960).

Era sábado en la mañana cuando me dirigía a un pueblo lejano a mi hogar con el propósito de brindar un taller. Al llegar, me encontré con una grata sorpresa. Varias de mis amigas que viven en el área habían llegado para verme. ¡Me sentí tan feliz! Pero esa felicidad fue interrumpida cuando alguien dijo que una de mis amigas que estaba en camino había tenido un accidente y la habían llevado en ambulancia al hospital. De seguro se imaginan la angustia que sentí.

Tenía tantas preguntas en mi mente: «¿Qué le sucedió? ¿Cómo pasó? ¿Cuán lastimada está?». Totalmente impotente ante la situación, lo único que quería era correr al hospital, pero sabía que mi responsabilidad con aquellas personas que me invitaron era quedarme y brindar el taller. Unas cuantas horas después, mi amiga entró al salón. Vi que tenía el brazo derecho doblado hacia el pecho, pero no tenía yeso. Tan pronto terminé el taller, fui rápidamente donde ella y noté que su piel lucia perfectamente bien; no había sangre y ni siquiera grandes hematomas. A simple vista, lo sucedido no había dejado efectos. Sin embargo, la radiografía del brazo señalaba que uno de los huesos estaba quebrado y tendrían que operarla. En el hospital no había ortopeda, por lo que debía ir a otro para ser atendida. Se subió a mi carro y mientras yo conducía pensaba en lo increíble que era que ella luciera sana por fuera, cuando por dentro estaba literalmente rota.

Esa es la realidad de muchas personas. Aunque a simple vista parezcan estar sanas, por dentro están rotas. Aunque pareciera que los eventos y las situaciones vividas no han hecho mucho daño, la verdad es que necesitan urgentemente una intervención que los sane.

¿ESTARÉ ROTO POR DENTRO?

¿Cómo sabemos si estamos rotos o sanos en nuestro interior? La respuesta es bastante sencilla: no eres una buena compañía para ti mismo.

La pregunta clave es: ¿estarías con una persona como tú, si no fueras tú? Considera los siguientes puntos para responder a esta pregunta:

- ¿Estarías con alguien que te condena todo el tiempo? ¿Una persona que te recuerda aquello en lo que fallaste? ¿Alguien que te trae a la memoria aquello que desearías dejar atrás?

Seguramente responderás que no. Sin embargo, tú mismo podrías ser esa persona. Podrías estar dirigiendo tus pensamientos a condenarte una y otra vez por algo que sucedió en el pasado.

- ¿Estarías con alguien que te critica todo el tiempo? ¿Una persona que constantemente te dice que no haces las cosas lo suficientemente bien o que simplemente no eres lo suficientemente bueno?

Seguramente no. Incluso cuando alguien nos critica, nosotros tendemos a defendernos. Entonces, ¿por qué tú mismo podrías ser esa persona que constantemente te critica? Es posible que, si ponemos atención a nuestros pensamientos, encontremos frases como esta: «No soy lo suficientemente buena mamá o buen papá. Otra persona lo haría mejor que yo. No soy atractivo».

- ¿Estarías con alguien que te dice: «A ti nadie te ama; a ti todos te rechazan»? Todos tenemos personas en nuestra vida a quienes no les agradamos. ¿Te gustaría estar con alguien que generalice y diga que todos piensan de ti como esas personas?

Seguramente no. Entonces, ¿por qué eres esa persona para ti mismo? ¿Por qué les das tanta importancia a quienes te rechazan en lugar de a quienes te aman? ¿Por qué te repites una y otra vez la ofensa que recibiste de uno, en lugar de repetirte las afirmaciones de muchos? ¿Por qué eliges ser esa persona para ti mismo?

- ¿Estarías con una persona que te descalifica todo el tiempo diciéndote cosas como: «¡Tú no puedes hacer eso! ¡Mejor no te arriesgues! ¡Los otros lo hacen mejor que tú! ¡Vas a fallar!»?

Si tu respuesta es «No», entonces la pregunta importante es ¿por qué eres esa persona para ti mismo?

> Hemos descubierto la verdad. Si no soy
> una buena compañía para mí mismo;
> entonces, estoy roto por dentro.

¿QUÉ DAÑA AL SER HUMANO?

Jesús dijo: «Lo que entra en la boca no contamina al hombre; sino **lo que sale de la boca, esto contamina al hombre**» (Mt 15.11, RVA-2015, énfasis propio).

Este versículo claramente revela que es lo que sale del interior de nosotros, los seres humanos, lo que realmente nos daña. Lo que a ti te está dañando no son las palabras que recibes de afuera, sino las que salen de tu interior.

Es la forma en la que continuamente piensas lo que te contamina. De hecho, posiblemente, alguien te dijo algo o sucedió algo que te lastimó, pero eres tú quien decide reproducirlo una y otra vez. Aquella palabra que recibiste una vez te la has dicho un millón de veces en tu mente. No es lo que entró, sino lo que está saliendo una y otra vez de ti, lo que te está destrozando.

UN MOMENTO PARA MÍ

Son muchas las conversaciones que podemos tener con nosotros mismos diariamente. Al pensar en ellas, ¿podrías encontrar patrones de pensamientos negativos como los que te acabo de mencionar? Piensa en cada una de las preguntas que te presenté y escribe si tienes algún pensamiento que te ha convertido en una mala compañía para ti mismo.

_____

_____

_____

UNA BUENA COMPAÑÍA PARA LOS DEMÁS

La forma en que nos tratamos o nos hablamos a nosotros mismos puede trasladarse a la manera de relacionarnos o hablar con los otros. Así, nos convertimos en una mala compañía no solo para nosotros mismos, sino también para los demás.

«¿Puede acaso brotar de una misma fuente agua
dulce y agua salada?» (Stg 3.11, NVI).

La verdad es que no puedo darme agua salada a mí mismo y darle agua dulce al otro. Cuando no estamos sanos por dentro, así como soy de crítico, hiriente o negativo conmigo mismo, así también puedo serlo para con los demás.

Veo parejas que pasan fuertes crisis y en muchas ocasiones esta es la razón: una persona rota no puede crear un matrimonio sano. Una fuente no puede dar agua salada para su propia vida y agua dulce para su matrimonio. Esto se traslada a cada relación en nuestra vida: familiares, amigos, relaciones laborales y aun hermanos de la iglesia. Necesitamos que nuestra mente sea sanada para crear relaciones saludables.

UN MOMENTO PARA MÍ

Todos tenemos actitudes que pueden lacerar nuestras relaciones. ¿Crees que podrías identificar algunas de ellas? ¿Piensas que quizás hay alguna relación en específico que hayas perdido o se haya dañado por alguna de esas actitudes?

_____

_____

_____

Mi familia tiene un negocio con muchos empleados. Como se imaginarán, mientras más personal hay en una compañía, más conflictos pueden crearse. Recuerdo a un joven muy responsable en su trabajo que, cada vez que surgía cualquier situación que podría resultar incomoda, él se reía amorosamente. Su risa no era de burla y tampoco estaba ignorando la situación, pero con su actitud él suavizaba el momento. Siempre me pregunté cómo lo podía hacer. ¿Cómo podía alguien tener la tolerancia y el amor para siempre suavizar momentos incómodos con una sonrisa? Ese muchacho se convirtió en el encargado de todo ese departamento en poco tiempo. No solo por su inteligencia o habilidades, sino por su actitud.

¿Qué actitudes crees que debería poseer alguien para ser una buena compañía? ¿Cuáles de esas crees que posees?

_____

_____

_____

UN CORAZÓN QUE REQUIERE SALUD

«Pues aún no está la palabra en mi lengua, **y he aquí, Oh Jehová, tú la sabes toda**. Detrás y delante me rodeaste, **y sobre mi pusiste tu mano**» (Sal 139.4-5, RVR1960, énfasis propio).

Dios no es un dios superficial. El salmista entendía que Dios no solo ve lo que proyectamos, no solo escucha nuestras palabras, sino que Él conoce todos los pensamientos y las intenciones del ser humano. Mas allá de eso, Dios es capaz de entender lo que provocan estos pensamientos en la mente de cada uno de nosotros. Y es allí, en lo profundo de tu corazón, donde Dios apunta. Es desde allí, en lo más profundo de nuestro ser, donde quiere sanarnos. Dios no se conforma con que te veas bien por fuera; Él es sensible a tu más íntimo dolor y quiere reconstruir ese hueso roto que nadie más ve. Así como lo hizo con el salmista, Dios te rodea por todos lados y está decidido a poner Su poderosa mano sobre ti para sanarte y transformarte.

«¿A dónde me iré de tu Espíritu? ¿Y a dónde me iré de tu presencia? Si subiere a los cielos, allí estás tú; y si en el sol hiciere mi estrado; he aquí, allí tú estás. Si tomare las alas del alba y habitare en el extremo del mar, aun allí me guiará tu mano, y me asirá tu diestra» (Sal 139.7-10, RVR1960).

No hay lugar donde podamos escapar de la presencia y del amor de Dios. Si entendiéramos lo interesado que está en nosotros y en que seamos sanados. Si comprendiéramos lo anhelante que está de que nos encontremos con Él.

Recuerdo jugar con mi tía a las escondidas cuando era muy pequeña. Me gustaba que ella fuera quien se escondiera, para yo ir a buscarla. Ella sentía mis pasos, sabía exactamente por dónde estaba y, si me tardaba mucho en encontrarla, salía a mi encuentro emocionada diciendo: «¡Estoy aquí!». Me emociona y tranquiliza saber que Dios siempre está cerca de nosotros y que en ese momento en el que por mi dolor o por lo rota que estoy se me hace difícil encontrarlo, Él saldrá a mi encuentro porque Dios sabe cada paso que doy.

Amado lector, Dios sabe cuánto nos duele vivir con una mente que está lastimada, sabe cuánto sufrimos cuando estamos rotos por dentro y sabe cuánto nos entristece tener relaciones quebradas como consecuencia de lo dañados que estamos. Sabe que a veces simplemente no sabemos qué hacer al respecto. Hoy Dios sale a nuestro encuentro para que descubramos que Él puede enseñarnos cómo podemos ser sanados.

Las próximas lecciones son una revelación de la verdad de Dios para esa sanidad. Continuamos el viaje...

Oración: «Señor Jesús, hoy he descubierto que estoy roto por dentro y necesito ser sanado. Realmente anhelo ser una buena compañía para mí mismo y para otros. Abro mi corazón para comprender y aplicar todo lo que quieres enseñarme. Por Jesús. Amén».

Escribe en tus propias palabras lo que quisieras decirle en este momento al Señor:

_____

_____

_____

_____

_____

_____

Piensa en al menos tres decisiones que debas tomar basado en lo que has aprendido hoy:

1. _____

2. _____

3. _____

Dios no necesita entornos perfectos
para hacer Su obra perfecta.

Almas reconstruidas

Capítulo 7

«… y los reedificaré como eran al principio»
(Jer 33.7, LBLA).

Daniel se levantó llorando y nos contó su historia. Cuando tenía alrededor de 6 años, su papá, un hombre militar de carácter muy fuerte, le ordenó botar la basura. El niño se quedó jugando y no obedeció. Entonces el padre, lleno de ira, lo tomó por el brazo, lo llevó al bote de basura y le dijo: «¿Tú ves ese bote de basura? ¡Eso es lo que eres tú! ¡Una basura!». Han pasado más de cuarenta años desde entonces y, ese día en aquel templo, Daniel nos contó que, cada vez que ve un bote de basura, piensa en lo que le dijo su padre.

Podemos ser dañados de muchas maneras en el transcurso de la vida. Algunos, como Daniel, por palabras hirientes; otros, por abuso sexual, golpes, humillaciones, rechazo o el doloroso vacío de haber crecido sin la presencia de alguno de nuestros padres. En fin, son tantas las formas en las que podemos ser dañados.

EL MUNDO DE LOS ZOMBIS

Al pensar en lo deforme que a veces queda nuestra alma por los golpes de la vida, viene a mi memoria una película que vi hace algún tiempo. Al comienzo de la película, se presentó un personaje espantoso medio muerto y medio vivo que caminaba lentamente y podía dañar a otras personas. Mientras la película avanzaba, me estremecí al pensar que, si tuviésemos la capacidad de ver nuestras almas en lugar de solo el exterior, nos aterraríamos al ver cómo muchas de ellas podrían ser similares a estos personajes de ciencia ficción. Almas muertas en vida, con nuestros espíritus en muletas, caminando lentamente como quien no tiene un propósito y, peor aún, con la capacidad de dañar profundamente a otros. Me da tristeza saber que esas almas no solo las vería fuera de la iglesia. Hay muchas personas que, aunque han recibido a Jesús como su Salvador personal, no han dado el paso hacia una verdadera y completa restauración, por lo que no se ven muy diferentes al resto de la gente.

EL DISEÑO DE DIOS

«Entonces dijo Dios: Hagamos al hombre a nuestra imagen, conforme a nuestra semejanza...» (Gn 1.26, RVR1960).

Cuando Dios diseñó al ser humano, pensó en un ser que pudiese expresar Su propio carácter. Hijos que vivieran en libertad, pureza, gozo y paz; personas llenas de propósito con la capacidad de amar, servir y crear.

Hace unos días una amiga muy cercana dio a luz a su segunda bebé, una hermosa niña de cabello oscuro y piel rosada, realmente preciosa. Mientras la observaba durmiendo pensaba en la paz con la que descansaba, tan ajena a todas las responsabilidades y los desafíos que tiene la vida. Su hermana de 2 años es mi ahijada, otra preciosa niña muy parecida a su hermanita. Ella con regularidad me pone sus manitas en las mejillas y me dice: «Titi, te amo». Siempre me conmueve su inocencia, tan ajena a toda la maldad que hay en este mundo.

La realidad es que vivimos en un mundo que se aparta del diseño de Dios. Hogares llenos de gritos y contiendas que traen ansiedad al ser humano.

Escuelas llenas de ofensas y burlas que nos hacen sentir inadecuados desde muy temprana edad. Vivimos rodeados de imágenes que nos pueden llevar a perder la inocencia desde muy pequeños. Es de esta manera como, con tan solo unos pocos años en esta tierra, las almas que ya vienen con una condición imperfecta de pecado se dañan aún más.

Esta realidad que vivimos no era el diseño de Dios para el ser humano. Debes comprender y tener muy claro que, cuando le entregas tu vida a Dios, hay una promesa para ti:

«He aquí que yo les traeré medicina y sanidad. Yo los sanaré y les revelaré tiempos de paz y de verdad. Restauraré de la cautividad a Judá y a Israel, y **los edificaré como al principio**» (Jer 33.6-7, RVA-2015, énfasis propio).

¿Cuál es la promesa de Dios para tu vida? ¡Él puede hacerte como al principio! Él puede hacerte regresar a tu diseño original. Dios puede sanarte, devolverte la paz que has perdido, el gozo que se quedó en el camino; Él puede devolverte la esperanza, la inocencia y el amor. Hay quienes piensan que en este mundo tan lleno de pecado eso es imposible, pero permíteme recordarte que en el principio todo era tinieblas y caos; sin embargo, DIOS con Su luz destruyó la oscuridad y con Su perfección trajo funcionalidad y vida.

> Dios nunca necesitó ni necesitará entornos
> perfectos para hacer Su obra perfecta;
> ¡y allí entra cada uno de nosotros! Seres
> destruidos, dañados y heridos que pueden ser
> completamente reparados en Su presencia.

CICLO DE AUTOESTIMA

Si hay algo importante en la sanación es descubrir cómo fuimos dañados. Hay un proceso que Jim Burns, en su libro *Sobreviviendo a la adolescencia*, llamó el «ciclo de autoestima», y que, aunque lo presento aquí modificado, creo que es una excelente manera de entender cómo se deforma nuestra alma. Comprenderlo es el punto de partida para ser reparados.

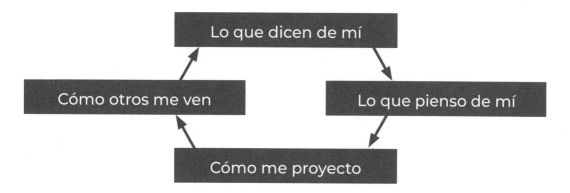

Utilicemos el ejemplo de Daniel que vimos hace un momento para ilustrar estos pasos. El ciclo comienza con «Lo que alguien dijo de ti» o «Lo que alguien te hizo». Lamentablemente, en el caso de Daniel, su padre le dijo: «Eres un bote de basura». La segunda etapa surge cuando creemos aquello que se dijo de nosotros y lo hacemos parte de «Lo que pienso de mí». Daniel creció y vivió toda la vida pensando que realmente era una basura. De hecho, él nos relataba cómo fracasaba una y otra vez en todo (estudios, trabajo y relaciones amorosas), porque lo que crees de ti se proyecta en todo lo que haces. Aquí nace la tercera etapa del ciclo: «Cómo te proyectas». Lo que piensas de ti mismo va a afectar tu comportamiento. ¿Cómo crees que se comporta un chico que siente que es una basura y que no tiene valor? Posiblemente mostrará un comportamiento que es propenso a la ira o mostrará poco interés por la vida o tenderá al aislamiento. Cada persona reacciona distinto, pero lo cierto es que la actitud que asumas será el resultado de cómo te sientes contigo mismo.

Finalmente, las personas que te rodean, al ver tu proceder, se hacen una imagen de ti, y por eso es que se trata de un ciclo que no termina. Sin darnos cuenta, por nuestras actitudes y comportamientos, nosotros mismos vamos provocando que las personas que no nos conocían antes piensen de nosotros exactamente igual a aquellos que nos lastimaron en el pasado. Me explico: es posible que la esposa, los hijos o compañeros de trabajo de Daniel subestimaran su potencial o lo menospreciaran en el presente, al igual que lo hizo su padre antes, porque Daniel se está proyectando de la forma en la que se siente, en su caso, inadecuado y con poco valor. Las personas perciben la forma en la que nos sentimos y responden a lo que les mostramos. Tristemente, si no salimos de este ciclo, nos quedaremos toda la vida creyendo y proyectando lo que alguien significativo dijo de nosotros, reproduciendo el dolor toda una vida.

UN MOMENTO PARA MÍ

¿Puedes identificar cosas que dijeron de ti que has creído? ¿Cómo estas cosas han afectado tu comportamiento?

_____

_____

_____

UNA HISTORIA VERDADERA

«David le dijo: No temas, porque ciertamente te mostraré bondad por amor a tu padre Jonatán, y te devolveré toda la tierra de tu abuelo Saúl; y tú comerás siempre a mi mesa. Se postró él de nuevo, y dijo: ¿Quién es tu siervo, para que tomes en cuenta a un perro muerto como yo?» (2 S 9.7, LBLA).

Esta historia siempre me ha estremecido. Un rey lleno de poder y autoridad llama a un hombre para hacerle bien. Su nombre era Mefiboset y procedía de una familia real, por lo que su valor no debía haberse cuestionado nunca. Sin embargo, tras haber quedado paralítico por un accidente y haber salido del palacio desde niño, no se veía a sí mismo como una persona valiosa. Por el contrario, se describe como un «perro muerto».

> ¿A cuántas cosas habremos renunciado
> en nuestra vida, aun siendo hijos del Dios
> Altísimo, por vernos a través de otros ojos
> que no son los de nuestro Padre celestial?

Tu valor, como el de Mefiboset, es incuestionable, pero quizás al igual que él no lo reconoces. Has escuchado demasiadas voces que han dicho de ti cosas muy distintas a la persona que realmente eres y a tu verdadero valor. Dios te ha descrito como «un especial tesoro» (Mal 3.17, RVA-2015). En el próximo capítulo te mostraré lo que Dios ha dicho de ti, el valor inmenso que tiene tu vida y lo que tu Creador puede hacer contigo. Dios puede volverte a tu diseño original, pero tienes que creer lo que Él dice de ti y será necesario que sustituyas «Lo que dijeron de ti» por «Lo que Dios dice de ti» para que puedas recibir esa nueva imagen.

Lo que Dios dice de mí
Lo que dijeron de mí

Oración: «Padre, tú me conoces bien; sabes exactamente la condición en la que me encuentro. Entrego las palabras que he recibido y la persona en la que me he convertido para recibir tu diseño en mi vida. Por Jesús. Amén».

Escribe en tus propias palabras lo que quisieras decirle en este momento al Señor:

_____

_____

_____

_____

Piensa en al menos tres decisiones que debas tomar basado en lo que has aprendido hoy:

1. _____

2. _____

3. _____

Él puede hacerte regresar a tu diseño original.

¡El *magnum opus* de Dios!

Capítulo 8

«Pues somos la obra maestra de Dios…»
(Ef 2.10).

En el capítulo anterior, conocimos un poco de la triste historia de Daniel. Él no podía continuar en este ciclo que lo llenaba de dolor. Era apremiante sustituir aquellas palabras de su padre terrenal por las de su Padre celestial. Hoy vamos a acercarnos a las palabras de Dios para descubrir nuestra verdadera identidad en Él.

¿Alguna vez has escuchado la frase ***magnum opus***? Es una frase en latín que puede traducirse como 'obra maestra' y se usa para hablar de la obra más renombrada y sobresaliente de un artista. Por ejemplo: Leonardo Da Vinci pintó espléndidas piezas de arte, pero su obra maestra es ***La Mona Lisa***. Todo artista puede crear muchas obras extraordinarias, pero el ***magnum opus*** es siempre la obra cumbre, ¡la más alta de sus creaciones!

Lee con atención el siguiente versículo y descubre lo que dice de ti:

«**Pues somos la obra maestra de Dios**, Él nos creó de nuevo en Cristo Jesús, a fin de que hagamos las cosas buenas que preparó para nosotros tiempo atrás» (Ef 2.10, énfasis propio).

Hace unos años tuve la oportunidad de viajar a uno de los lugares más impresionantes que he visitado, Alaska. Recuerdo contemplar las imponentes montañas llenas de nieve; de algunas descendían cascadas de agua. Visitamos bosques inmensos con altos pinos y hermosas flores. ¡Me sentía tan dichosa de ver semejante creación! Cada vez que alguien me pregunta por el sitio más lindo que he visto, siempre me traslado a ese lugar.

UN MOMENTO PARA MÍ

¿Qué lugar has visitado u observado en videos o fotos que has percibido como el lugar más hermoso del mundo? ¿Podrías describirlo y explicar por qué te pareció tan extraordinario?

_____

_____

_____

La Carta a los Efesios nos revela algo realmente extraordinario en relación a nuestro valor ante el Creador. «Pues somos la obra maestra de Dios...». Dios contempló toda Su asombrosa creación: las montañas que había formado, las inmensas cataratas, las exuberantes playas, la luna y sus estrellas. Se fijó en cada rincón del planeta y luego te miró a ti y **es a ti a quien describió como Su obra maestra.**

¡Eres el MAGNUM OPUS DE DIOS!
Eres su más sobresaliente y renombrada creación.

UN MOMENTO PARA MÍ

¿Te habías dado cuenta de que Dios te llamó su «obra maestra»? ¿Cómo te hace sentir esta verdad?

_____

_____

_____

_____

EL COMPRADOR

Si te presentara dos relojes, uno de oro de catorce quilates con diamantes alrededor y otro de fantasía, y luego te preguntara cuál crees que cuesta miles de dólares, seguramente me responderías que el de oro, porque sabemos que el valor determina el costo.

> Mientras más valor tiene algo,
> mayor es el costo.

Piensa cuidadosamente en cuánto costaste tú. Dios buscó la forma en la que podría pagar por tu vida y salvación, pero ¿qué podría costear tanto valor? ¿Cuánto podría costar la obra más amada y valiosa del Creador?

Lo cierto es que tu valor es tan alto que solo SU PROPIO HIJO podría ser el pago adecuado. Solo Jesús. _Magnum opus_ de Dios, ¡no te dejes engañar! Es tanto tu valor que solo Jesucristo mismo podía costearte. Tú eres Su obra más excelsa, por eso Dios pagó tanto por ti.

> ¡Tu valor determinó que el único capaz
> de costearte era Cristo Jesús!

UN MOMENTO PARA MÍ

¿Alguna vez habías considerado que fue tu valor lo que determinó lo que le costaste a Dios? ¿Qué dice eso de ti? ¿Cómo te hace sentir?

_____

_____

_____

_____

EL ENGAÑADOR

Dios tiene un enemigo cuyo objetivo es lastimar toda la creación de Dios, especialmente su obra maestra. Este enemigo es Satanás; él es engañador y perverso, y está muy decidido a robarnos la identidad gloriosa con la que Dios nos diseñó. Satanás no quiere que tú y yo comprendamos cuán valiosos somos; él quiere hacernos pensar que somos inadecuados en todas las áreas de nuestra vida. Piensa en cada parte de ti que es atacada por pensamientos de insatisfacción o insuficiencia. A nivel físico, vienen a nuestra mente pensamientos como: «No soy atractivo; estoy envejeciendo; no me gusta mi cuerpo». A nivel intelectual, quizás has pensado: «No soy lo suficientemente inteligente o talentoso». A nivel espiritual, puedes pensar que no tienes dones sobresalientes como aquellos a quienes admiras o que ciertos pecados cometidos te hacen indigno. A nivel emocional, también podemos sentir que no tenemos una personalidad atrayente o no nos sentimos con la capacidad o la fuerza para manejar algunos de los desafíos de la vida. Nos sentimos ansiosos, deprimidos o carentes de motivación.

Recuerdo cierta ocasión en la que, atravesando por un momento difícil, le dije a una de mis mentoras: «Yo no me considero capaz de lograr esto». Ella me respondió con mucha seguridad: «Christy, tú eres mucho más capaz de lo que piensas». ¿Saben por qué me lo dijo con tal certeza? ¡Porque es verdad! Nosotros somos mucho más capaces de lo que imaginamos, pero, no solo eso: también somos mucho más inteligentes, mucho más talentosos, mucho más hermosos y mucho más valiosos de lo que imaginamos; de otro modo no seríamos la obra maestra del Creador del universo.

Tú eres mucho más de lo que imaginas

¿Por qué Satanás tiene tanto interés en menoscabar la imagen de los hijos de Dios?

- Satanás no quiere que cumplas con el propósito para el cual Dios te diseñó.
- No quiere que uses lo que Dios te ha dado para dar gloria al nombre de Cristo.
- Quiere estancarte, hacerte improductivo y estéril espiritualmente, para que ni des fruto ni dejes un legado que honre a Dios. Dejar un legado como ese redundaría en que tu familia y todo el que impactes también podría ver en ti y en tus palabras cómo vivir en libertad. Satanás no quiere eso. Por el contrario, quiere que vivas todo el tiempo ansioso y lleno de desesperanza, y que sea esa muerte en vida lo que dejes sembrado en el corazón de los que te rodean.

La pregunta que quisiera hacerte es: ¿Se lo vas a permitir? ¿Vas a permitir que Satanás convenza a la obra maestra de Dios de que no tiene valor?

UNA HISTORIA VERDADERA

Había en Susa un gobierno poderoso: el rey Asuero gobernaba sobre 27 provincias, desde la India hasta Etiopía. Para este tiempo, el rey buscaba una nueva esposa, por lo que fueron convocadas jóvenes vírgenes al palacio.

Hadasa fue una de las jóvenes que se presentó para ser considerada por el rey. Sin embargo, a diferencia de las demás doncellas, ella era judía y huérfana. Estoy segura que, si les hubiesen preguntado a las personas del reino, seguramente la mayoría hubiese estado de acuerdo en que su procedencia la hacía inadecuada para ocupar la posición más importante que una mujer pudiese tener en el reino. Sin embargo, el destino de Hadasa no sería determinado por su origen ni la opinión de los demás, sino por Dios. Él había determinado que la mujer que había tenido un comienzo humilde se convertiría en la reina de aquella nación. Así fue como la huérfana Hadasa se transformó en la reina Ester.

El libro de Ester nos muestra que Dios posicionó a Hadasa en el palacio porque, a través de ella, Dios salvaría al pueblo judío, y así lo hizo.

¿Puedes ver la relación que existe entre entender tu valor y cumplir con el propósito que Dios te ha dado? Ester cumplió su propósito y salvó a todo un pueblo porque un día permitió que Dios, y no sus inseguridades, determinara su destino. Lo mismo tiene que pasar contigo. Dios tiene propósitos para tu vida, propósitos que Satanás no quiere que se cumplan. Por eso, Satanás atenta contra tu valor, intentando aferrarte a aquello que te detiene y te inmoviliza. ¿Qué vas a hacer? ¿Te vas a quedar aferrado al dolor, a esos pensamientos que te atacan, a las experiencias del pasado, o vas a levantarte como Hadasa, convertirte en la persona que Dios te ha llamado a ser y cumplir con el propósito para el que te ha llamado?

EL GRAN ARTISTA

Hay un programa de televisión en el que las personas deben utilizar objetos dañados para crear cosas útiles que luego puedan vender. La primera vez que vi ese programa, pensé que no se podría hacer mucho con piezas destruidas. Sin embargo, para mi sorpresa, estos talentosos artistas lograron tomar estas cosas que parecían inservibles y convertirlas en piezas útiles que vendieron a un alto precio. Mi visión era muy limitada, pero aquellos participantes tenían una mejor visión que la mía. Yo solo podía ver el presente de aquellas piezas, pero ellos veían su potencial. Así es Dios. No solo ve el presente de nuestra condición, no solo ve la orfandad de Hadasa, sino el reino de Ester.

Es necesario que entiendas que tu valor no depende de tu procedencia, tus acciones equivocadas o las experiencias que hayas vivido. Dios tiene la capacidad de ver con entusiasmo aquello en lo que Él mismo nos convertirá, y créeme cuando te digo que Él puede hacerlo posible. El profeta Jeremías presenta una hermosa ilustración que muestra de forma muy vívida esta obra maravillosa:

«Descendí a casa del alfarero, y hallé que él estaba trabajando en el torno. Y la vasija de barro que él hacía se echó a perder en sus manos, pero él volvió a hacer otra vasija, según le pareció mejor hacerla. Entonces vino a mí palabra Jehová, diciendo: "¿No podré yo hacer con vosotros como este alfarero, casa de Israel?, dice Jehová. Como el barro en manos del alfarero, así sois vosotros en mis manos, casa de Israel» (Jer 18.2-6, RVR1995, énfasis propio).

Dios es nuestro artista visionario, el cual nos toma tal como estamos con el propósito de convertirnos en una pieza útil para Su gloria. Quizás pienses que has caído muchas veces, que has fallado demasiado. Estos versículos que acabamos de leer nos muestran que el barro a veces se echa a perder en la mano del alfarero, y la realidad es que Él podría tirar a la basura ese barro tan imperfecto y tomar otro para hacer Su obra. Pero eso no es lo que el alfarero desea hacer. Él quiere tomarte a ti, una y otra vez a ti, porque siempre has sido y siempre serás... el *magnum opus* de Dios.

¡El gran artista te elige a ti!

¿Recuerdas el ciclo de autoestima del que conversamos ayer? ¿Qué tal si aquel espacio en el que has colocado lo que dijeron de ti lo sustituyes por **lo que Dios ha dicho de ti**? Daniel puede alcanzar el destino que Dios ha planificado para él y tú también puedes porque Dios está completamente involucrado en tu transformación. Ten por seguro que, si estableces la verdad de Dios en tu corazón en relación a quién eres en Sus manos y tu valor delante de Sus ojos, te sentirás, proyectarás y otros podrán llegar a ver el destino que Dios ha planificado para ti.

Oración: «Señor, sabes que tengo muy arraigadas dentro de mí palabras y experiencias que me lastiman; hoy te las entrego y recibo mi verdadera identidad. Soy quien tú dices que soy y alcanzaré el destino que tú tienes para mí. Hoy le cierro la puerta a Satanás en mi vida; no lo escucharé ni creeré en él. Alineo mis pensamientos a tu verdad, que me dice que soy ¡tu obra maestra! Por Jesús. Amén».

Escribe en tus propias palabras lo que quisieras decirle en este momento al Señor:

_____

_____

_____

_____

Piensa en al menos tres decisiones que debas tomar basado en lo que has aprendido hoy:

1. _____

2. _____

3. _____

¿Tienes hambre? ¡Serás saciado!

Mi primer testigo me amó

Capítulo 9

«Mi embrión vieron tus ojos...»
(Sal 139.16, RVR1960).

Imagina que te has quedado sin hogar; han pasado días, no has probado un bocado de comida, y estás exhausto, cansado y con hambre. Llegas a una casa extraña y quisieras pedir un lugar para descansar, darte un buen baño y poder comer algo. Si las personas de ese lugar te dijeran que te van a dar solo una de las tres cosas que deseas y tú eres quien tiene que elegir, estoy segura de que escogerías comer. Podrías dormir en cualquier lugar, podrías refrescarte bajo la lluvia, pero el alimento no es tan fácil de conseguir. Cuando tenemos hambre, esa necesidad se impone por sobre las demás. Lo mismo sucede con el alma. Cuando el alma tiene hambre, busca desesperadamente suplir esa necesidad, y Dios lo sabe.

¿De qué puede tener hambre el alma? El alma tiene hambre de relaciones saludables y significativas. Todos los seres humanos fuimos diseñados para crecer rodeados por una familia que brinde afecto, aceptación, seguridad, reconocimiento y amor. De hecho, es muy interesante estudiar cómo el cerebro se va formando saludablemente cuando estas necesidades emocionales están cubiertas. Es lamentable, pero vivimos en un mundo en el que los padres no siempre suplen esas necesidades. Las razones pueden ser diversas: uno o ambos padres fallecieron; los padres se divorciaron y se desentendieron de los hijos; los padres estaban presentes físicamente, pero ocupados en otras cosas; o incluso puede suceder que uno de los padres, en lugar de brindar protección, se haya convertido en un agresor dentro del hogar. Es en cualquiera de estas situaciones que el alma comienza a crecer hambrienta.

ALMAS FRÁGILES

Cuando crecemos carentes de lo que necesitamos podemos convertirnos en personas emocionalmente frágiles.

Imagina que estás en un juego de fútbol y entre los jugadores hay uno que tiene la rodilla lastimada; aun así, entra al juego y durante el partido un jugador del equipo contrario le da un golpe precisamente en esa rodilla. El jugador cae en el suelo con un dolor intenso. Si le hubiesen dado el mismo golpe en la otra pierna, la historia sería distinta, pero lo lastimaron donde ya estaba herido y eso agrava la situación. Cuando una parte de nuestro cuerpo o de nuestra alma está fracturada, los golpes duelen más y tienen mayores implicaciones. De esta misma manera, por ejemplo, el rechazo de alguien a quien consideramos muy significativo en nuestras vidas es algo que nos puede doler a todos, pero las personas que ya vienen con carencias desde la niñez podrían ser mucho más afectadas. De la misma forma, estas personas podrían buscar desmedidamente la aceptación o aprobación de otros, además de tener un pobre manejo de sus emociones.

PRESAS FÁCILES

En el mundo animal existen presas fáciles de cazar. Por ejemplo, en Nueva Zelanda hay un ave no voladora muy curiosa llamada kiwi. Es del tamaño de una gallina y una de las razones por la que es una presa fácil para sus depredadores es que es un ave sumamente lenta.

Así como hay ciertas características que vuelven a un animalito una presa fácil, nosotros, los seres humanos, podemos volvernos presas fáciles cuando hemos carecido de amor y aceptación. Cuántas chicas he conocido que han escogido parejas inadecuadas por el hambre que tienen de sentirse amadas. Escogen a cualquier persona con tal de no estar solas; entregan todo con tal de recibir un poco de afecto. Se han convertido en presas fáciles. Por otro lado, hay quienes eligen personas correctas, pero crean relaciones malsanas de apego y dependencia porque sienten que esa persona es la que llena su necesidad.

UN MOMENTO PARA MÍ

Creo que a todos nos hace sentir bien el sabernos amados y protegidos. Sin embargo, cuando nos volvemos demasiado vulnerables o presas fáciles, estamos colocándonos en un terreno peligroso para nosotros mismos. ¿Puedes identificar si has estado o estás en uno de esos dos terrenos? ¿Podrías describir brevemente lo que haces?

_____

_____

_____

MI HISTORIA

Permíteme contarte una experiencia personal. Era sábado en la mañana cuando me levanté muy feliz porque ese día cumplía seis años. Haríamos una fiesta para celebrarlo. Ese día era particularmente especial porque vería a mi papá. Mis padres se separaron cuando yo era apenas una bebé. Ellos eran demasiado jóvenes e inmaduros, por lo que no supieron manejar bien la separación. Como resultado de ese proceso, yo veía muy poco a mi papá. Ese día mi mamá me vistió muy bonita, me hizo mi peinado favorito, que eran dos moñitos, para que papá me encontrara hermosa. Llegó la hora del cumpleaños y le dije a mis amiguitos que ese día conocerían a mi papá. La fiesta transcurría y, cada cierto tiempo, yo salía de los juegos para ver si mi invitado especial había llegado. Se cantó el feliz cumpleaños, se terminó la fiesta, todos se fueron y mi papá nunca llegó. Recuerdo que me agarré a una de las columnas del balcón para evitar que mi mamá me llevara para dentro porque podía ser que papá llegara más tarde. Mientras lloraba, recuerdo que mi mamá me dijo: «Christy, papá no va a venir». Y fue ese día, cuando cumplí 6 años, que me hice mi primera promesa: «No esperarás nada de nadie porque esperar de las personas significa sufrir». Cuando pienso en esto ahora que soy adulta, me sorprendo al descubrir desde cuán temprana edad podemos establecer pactos con nosotros mismos.

La falta de paternidad es una de las experiencias más dolorosas y de mayor impacto en la vida de cualquier ser humano. A pesar de que tuve una extraordinaria mamá y una familia que es realmente especial, la ausencia de mi padre laceró demasiado mi interior. Según mi visión, el primer hombre de mi vida me falló, por la razón que fuera. El primer hombre de mi vida me rechazó. ¿Cómo crece un corazón lleno de orfandad? Crece hambriento.

UN MOMENTO PARA MÍ

Todos hemos atravesado situaciones que nos llevan a tomar decisiones sobre cómo nos vemos a nosotros mismos, cómo vemos al mundo que nos rodea o cómo nos relacionaremos con otros. ¿Puedes identificar si es que, como en mi caso, atravesaste por alguna experiencia que te llevó a tomar una decisión importante? ¿Cuál o cuáles fueron esas decisiones?

_____

_____

_____

MI PRIMER TESTIGO ME AMÓ

«Mi embrión vieron tus ojos,
y en tu libro estaban escritas todas aquellas cosas...»
(Sal 139.16, RVR1960).

La niña de seis años ignoraba una extraordinaria verdad que hoy conozco bien y quisiera presentarte a continuación.

Quizás pienses que fuiste rechazado por las personas más importantes de tu vida. Sin embargo, quisiera invitarte a prestarle mayor atención a la película. Antes del rechazo de tu madre o tu padre, dale para atrás a la historia, porque hubo allí Alguien antes que ellos. «**Mi embrión vieron tus ojos...**». Ese ser que dice el salmista que estuvo cuando apenas estabas comenzando a ser formado es Dios. Él te diseñó y, aun antes de que nacieras, *te amó*. La primera reacción que causaste en alguien al verte fue puro amor. ¡Cuando tú fuiste creado, fuiste aceptado! Me emociona pensar en Dios creándonos y diciendo de cada uno de nosotros: «¡Es bueno!».

Es maravilloso ver a un bebé en formación en el vientre de mamá, ser testigo de cómo Dios coloca una semilla de vida que va dando forma a un ser único, con características y habilidades específicas que lo harán irrepetible. ¡Eres IRREPETIBLE! No hay otra persona igual a ti en este mundo ni tus huellas digitales son como las de otra persona. Eres una creación extraordinaria y fuiste muy agradable ante los ojos de tu primer testigo, pero no solo eso, sino que tú siempre estuviste en los planes de Dios.

«... Y en tu libro estaban escritas todas aquellas cosas que fueron luego formadas» (Sal 139. 16).

Antes de crearte, ya Dios te había pensado y tu diseño fue de Su agrado, por lo que aun antes de ser visto ya eras amado. Has sido creado con un propósito. Aunque el rechazo o el dolor hayan llegado a tu vida, aunque la ausencia de tus padres te haya hecho sentir inseguro, Dios anhela que sepas que Él llegó primero y siempre ha estado ahí para cubrirte, guiarte y amarte.

¡Tu primer testigo te amó!

UN MOMENTO PARA MÍ

¿Qué es lo que sientes al pensar que, antes de cualquier rechazo, tu primer testigo te amó?

_____

_____

_____

Una tarde cuando tendría unos trece años, llegué de la escuela muy triste y me tumbé en la cama a llorar. Venía de una actividad a la que habían asistido los papás de mis compañeros y, aunque mi mamá había estado allí, me dolía demasiado la ausencia de mi padre. Recuerdo claramente que, mientras lloraba, la puerta de plástico que dividía dos cuartos se abrió de repente. Sorprendida, pero con una profunda paz, sentí una presencia sublime entrar en mi habitación. No lo veía, pero lo sentía. Suavemente, percibí que esa presencia se sentó junto a mí y, casi de forma instintiva, recosté mi cabeza en ese lado de la cama. Aunque es difícil explicar con palabras aquello que viví, solo puedo decir que ese día, sin ninguna predicación o profecía, yo lo supe: Él era mi Padre y yo era Su hija.

Ese día comprendí que mi Padre celestial sí había asistido a cada cumpleaños y me había acompañado cada día de mi vida. Desde ese momento, supe que yo nunca había estado sola, por lo que no tenía que llevar la pesada carga de un alma hambrienta. Él estaba allí para saciar mi necesidad; aquella carencia que no fue cubierta por mi padre terrenal sería cubierta por mi Padre celestial.

Ese fue solo el comienzo de la revelación de la paternidad de Dios en mi vida. Los pactos que había hecho en mi dolor para mantenerme alejada de otros comenzarían a romperse porque ahora mi alma hambrienta estaba encontrando su alimento en Dios.

Así como Dios hizo conmigo, Él ha provisto todo lo necesario para que tú también vuelvas a sentirte aceptable y que destruyas en tu vida cualquier pacto interno que hayas hecho como consecuencia de tus necesidades no suplidas; para lograrlo, Él va a revelar Su paternidad en tu vida. Los próximos capítulos son sobre Su amor paternal y lo disponible que está para ti.

Oración: «Señor, pensar que me acompañaste siempre, me llena de una gran felicidad. Gracias por llegar antes que todos los demás para que yo entendiera cuán aceptable soy en ti. Por Jesús. Amén».

Escribe en tus propias palabras lo que quisieras decirle en este momento al Señor:

_____

_____

_____

_____

Piensa en al menos tres decisiones que debas tomar basado en lo que has aprendido hoy:

1. _____

2. _____

3. _____

¡El huérfano tiene el gran privilegio de ser escogido!

Un corazón paternal

Capítulo 10

«¡Fíjense qué gran amor nos ha dado el Padre,
que se nos llame hijos de Dios! ¡Y lo somos!»
(1 Jn 3.1, NVI).

E l único ser capaz de revelar la paternidad de Dios es el Espíritu Santo. Dice la Palabra: «El Espíritu mismo le asegura a nuestro espíritu que somos hijos de Dios» (Ro 8.16, NVI). Por esa razón comenzaré este capítulo de forma distinta, invitándote a hacer una oración conmigo. Exprésale al Señor en tus propias palabras tu necesidad de conocer Su corazón paternal y tu identidad como hijo. Pídele que Su Espíritu Santo haga esa obra en tu vida.

ORACIÓN

_____

_____

_____

_____

_____

_____

En el último capítulo les mencioné algunas razones por las que quizás crecimos con el alma hambrienta. Hablamos de padres ausentes, padres presentes pero poco interesados, y padres agresores. Esas mismas experiencias son las que pueden impedir que entiendas el corazón paternal de Dios.

El deseo de Dios es que Su corazón sea revelado a través de los cuidados, la seguridad, la guía y el amor que brindan los padres. Sin embargo, como sabemos, no todas las personas han recibido esos cuidados. Por eso no podemos utilizar como punto de referencia a los padres terrenales para conocer la paternidad de Dios. Afortunadamente, Su paternidad es revelada en las Escrituras y es allí adonde iremos para conocerlo.

¿CÓMO ES LA PATERNIDAD DE DIOS?

Cuando asistimos a algún cumpleaños o fiesta conmemorativa, es habitual que se expresen algunas palabras de elogio acerca del homenajeado. Es posible que el tiempo no sea suficiente para compartir todas las bellas experiencias vividas o todas las hermosas cualidades que este posee. Sin embargo, tratamos en lo posible de honrar su bondad y amistad. Eso es exactamente lo que intentaré hacer hoy. No podría decir en unos cuantos capítulos toda la bondad y las cualidades que envuelven la paternidad de Dios, por lo que tomaré solo algunas de ellas con el fin de poder exaltar la hermosura de Su paternidad.

UN PADRE PERDONADOR

«Tan **compasivo** es el Señor con los que le temen
como lo es un **padre** con sus hijos»
(Sal 103.13, NVI, énfasis propio).

Permíteme ponerme un poco teórica con esta definición para que todos partamos de un mismo entendimiento del concepto. La compasión es un sentimiento que te identifica con el sufrimiento de otro, hasta el punto de experimentar tristeza y **ternura**. La compasión está vinculada a la **misericordia** y el **perdón.**

Este versículo dice que el Señor es compasivo con los que le temen, pero hace la salvedad de que la compasión que Él experimenta es como la de un padre por sus hijos. ¿Será esto importante?

Cuando era pequeña conocí a una viuda muy amorosa que tenía varios hijos; uno de ellos había caído en el vicio de las drogas. Cuando aquellos que conocíamos a ese muchacho lo veíamos en la calle pidiendo dinero o drogado, podíamos sentir compasión, pero, cuando era su mamá quien lo veía, esa compasión era completamente distinta.

Fue importante que Dios hiciera la salvedad en este texto al señalar que la compasión que Él siente es como la de un padre porque eso la hace totalmente distinta. Mi compasión podía moverme a ir adonde este joven y llevarle comida, pero la compasión de su madre le hacía recogerlo, llevarlo a casa, bañarlo y cuidarlo. Mi compasión podría llevarme a perdonarlo en una o dos ocasiones, pero la compasión de su mamá la llevaba a perdonarlo una y otra vez como si el perdón nunca tuviese fin. La compasión de un padre trasciende cualquier otra y ese es el tipo de compasión la que Dios quiere que entendamos que Él siente por nosotros. Dios siente ternura al vernos, por eso siempre nos alcanza Su misericordia.

Así como esta madre con su hijo, Dios quiere vernos libres de cualquier condición que nos esclaviza, pero también debes saber que tu condición nunca hará que Él te ame menos. Él sufre cuando sufrimos y le duele nuestro pecado, pero no por eso va a dejar de amarte, y esto es algo que tú tienes que saber. De hecho, no sé cómo esta verdad te haga sentir a ti, pero creo que los verdaderos cambios en el ser humano no surgen por temor a ser condenados o por las consecuencias de nuestros actos, ya que de alguna manera siempre pensamos que vamos a salir bien librados. Más bien, creo que los verdaderos cambios surgen dentro de nosotros cuando nos chocamos con ese amor tan absoluto e intenso de Dios que nos hace darnos cuenta de que Él, más que nadie en este mundo, quiere el bien para nosotros.

UN PADRE ABNEGADO

«Porque tanto amó Dios al mundo que dio a su Hijo unigénito, para que todo el que cree en él no se pierda, sino que tenga vida eterna» (Jn 3.16, NVI).

La abnegación es la cualidad de quien es capaz de sacrificarse por otros o por un ideal.

¿Dios sacrificó algo? ¿Qué sacrificó? ¿Por quién lo sacrificó? Respondamos estas tres preguntas en una sola oración.

Dios sacrificó lo que más amaba por ti

Abnegación

Tienes un Padre capaz de darlo todo por ti. En una ocasión escuché a un papá decirle a su hija que toda la vida había soñado con tener una casa enorme y costosa. Sin embargo, ahora que tenía esa vivienda, debía trabajar mucho para poder pagarla, por lo que no contaba con mucho tiempo para dedicarle a su hija. Sí, así son muchos padres: sacrifican a sus hijos por sus sueños, en lugar de sacrificar sus sueños por sus hijos. Dios es un Padre abnegado; no te entrega por lo que Él quiere, sino que es capaz de entregarlo todo por ti. En Jesús vemos revelado Su carácter cuando fue capaz de dejar Su trono: Él no dejó solo una casa grande, sino que dejó el mismo cielo para ir a la cruz y estar contigo otra vez.

Tienes un padre abnegado

UN MOMENTO PARA MÍ

Creo que todos quisiéramos que nos amen lo suficiente como para que nos elijieran por sobre todas las cosas. El que Dios lo haya hecho, ¿cómo te hace sentir?, ¿qué te dice eso de su amor por ti?

_____

_____

_____

_____

_____

UN PADRE PARA SIEMPRE

«En el hogar de mi Padre hay muchas viviendas; si no fuera así, ya se lo habría dicho a ustedes. Voy a prepararles un lugar» (Jn 14.2, NVI).

Cuando nos sentimos seguros en una relación, se nos hace fácil entregarnos a ese amor. El pensar que algo será para siempre nos hace lanzarnos a esa relación confiados y sin temor. Jesús nos entrega una revelación acerca del tiempo que durará nuestra relación con el Padre. Quizás tú hayas sido separado de tu padre terrenal, porque las relaciones en la tierra pueden tener fecha de caducidad, pero esta relación es eterna. Tienes un Padre soberano. Mejor que cualquier superhéroe, tiene el poder de la eternidad en Su mano y te ha revelado, por medio de Su hijo, que tienes un hogar a Su lado por la eternidad. Nadie te separará de Su lado.

«¿Quién nos apartará del amor de Cristo? [...] Pues estoy convencido de que ni la muerte ni la vida [...] podrá apartarnos del amor que Dios nos ha manifestado en Cristo Jesús nuestro Señor» (Ro 8.35, 38-39, NVI).

No tienes que temer al abandono.
Puedes entregarte por completo.
Aquí nadie se irá. El pacto de amor es eterno.

UN PADRE QUE ESCUCHA

«Entonces quitaron la piedra de donde había sido puesto el muerto. Y Jesús, alzando los ojos a lo alto, dijo: "Padre, gracias te doy por haberme oído. Yo sé que **siempre me oyes**...» (Jn 11.41-42, RVR1995, énfasis propio).

Escuchar es una elección y Dios elige hacerlo. ¿Cuándo te escucha Dios? Jesús es quien lo revela, «SIEMPRE».

Todos nosotros tenemos la habilidad de estar en un lugar y, a pesar de estar mirando a una persona con cierto detenimiento, no estar escuchándola. A veces me río con mi esposo porque le estoy hablando, pero por alguna razón comienzo a pensar que perdí su atención y le pregunto: «¿Me estás escuchando?», a lo que responde: «Sí, mi amor». Yo le digo riéndome: «A ver, ¿qué te dije?», y sorprendentemente me dice exactamente lo que le estaba diciendo.

Así nos ocurre con Dios. A veces podemos pensar que hemos perdido Su atención, que estamos hablando solos. De hecho, hay una conocida frase que dice: «Siento que mis oraciones no pasan del techo», pero, indistintamente de cómo lo percibas, Dios te está escuchando y lo hace con mucha atención. El que no siempre responda como esperamos o deseamos no significa que no esté atento. Honestamente, a mí me encantaría que mi esposo esté mirándome todo el tiempo mientras le hablo y que de vez en cuando mueva la cabeza como señal de que me entiende. Pero, aunque él no siempre responde como quiero, sí me ha demostrado que está atento.

«Yo amo al Señor porque él escucha mi voz suplicante.
Por cuanto él inclina a mí su oído,
lo invocaré toda mi vida»
(Sal 116.1-2, NVI).

Una de las mayores mentiras que Satanás quiere establecer en el corazón de los hijos de Dios es que Su Padre no los escucha, que los ha abandonado. El enemigo conoce el poder que se desata en su contra y a nuestro favor cuando vivimos en una relación de intimidad con nuestro Padre. Por ejemplo, hace unos días me sentía aturdida. No podía trabajar bien, me sentía preocupada y mal físicamente. En ese momento, decidí asumir mi lugar como hija de Dios. Estaba sentada en mi escritorio al lado de la ventana que da al campo y, con autoridad, comencé a pedirle a mi Padre Su ayuda, sabiendo que Él me escucha. Toda aquella opresión que sentía se fue y pude trabajar con absoluta libertad. Es necesario que entendamos que Dios escucha a Sus hijos. Jesús lo sabía, el salmista lo sabía, yo lo sé y ahora es necesario que tú lo sepas.

Ten la seguridad de que tu padre te
escucha. HABLA CON ÉL

UN MOMENTO PARA MÍ

Todos nos relacionamos con Dios de formas distintas. ¿Cómo describirías tu relación con Dios hasta hoy?

- Padre
- Juez que castiga
- Jefe o dictador al que debemos obedecer
- Creador que nos hizo y nos olvidó
- Otro:

MI EXPERIENCIA

No es fácil caminar con el alma hambrienta producto de tantas necesidades no cubiertas. Sin embargo, cuando el Espíritu Santo nos revela la paternidad real, única y perfecta de Dios y todo lo que ha hecho a nuestro favor, nuestra alma comienza a ser alimentada por Él. En el próximo capítulo, aprenderemos más de la perfecta paternidad de Dios.

Oración: «Padre, gracias porque hoy me has visitado para revelarme tu paternidad compasiva, abnegada y atenta. La recibo, Señor, reconociendo que cada área de tu paternidad saciará mi necesidad. Por Jesús. Amén.

Escribe en tus propias palabras lo que quisieras decirle en este momento al Señor:

_____

_____

_____

_____

Piensa en al menos tres decisiones que debas tomar basado en lo que has aprendido hoy:

1. _____

2. _____

3. _____

El problema no es el hambre. El problema
es lo que escojo para comer.

Un corazón
que sacia

❧ ❧

Capítulo 11

«Maten el ternero que hemos engordado.
Tenemos que celebrar con un banquete…»
(Lc 15.23).

Si vivieras en un lugar donde hay abundancia de alimentos buenos y saludables, y alguien viniera a ofrecerte comida del basurero, lo más seguro es que te negarías porque, cuando estamos saciados y conocemos lo que es bueno, somos exigentes con aquello que recibimos. Sin embargo, si hubieses pasado muchos días sin comer, quizás considerarías alimentarte hasta con los desperdicios porque, cuando hay hambre, buscamos cualquier cosa para saciar nuestra necesidad.

Lo mismo sucede con nuestra alma. Como hemos estado dialogando anteriormente, cuando hay vacíos no cubiertos en nuestro interior, nos hacemos vulnerables y podemos llegar a buscar o aceptar cualquier cosa, aun cuando esta no sea la que nuestra alma realmente necesita.

EL HIJO TIENE HAMBRE

Cuando Jesús reveló el amor del Padre, escogió varias parábolas para que todos pudiésemos entender de qué se trataba ese amor. Una de esas historias tiene como protagonistas a un padre y su hijo hambriento.

> «... Hubo una **gran hambruna en todo el país**, y **él comenzó a morirse de hambre.** Convenció a un agricultor local de que lo contratara, y el hombre lo envió al campo para que diera de comer a sus cerdos. **El joven llegó a tener tanta hambre que hasta las algarrobas con las que alimentaba a los cerdos le parecían buenas para comer...**» (Lc 15: 14-16, énfasis propio).

Esta historia comienza cuando un joven decide que quiere vivir lejos de su padre. Durante todo el tiempo que vivió en casa, estuvo seguro y alimentado. Sin embargo, ahora quería tomar las riendas de su vida, por lo que empacó sus pertenencias y se mudó a una tierra distante, donde derrochó todo su dinero en una vida desenfrenada... y entonces llegó el HAMBRE. No solo a él, sino que hubo una gran hambruna en todo el país.

No sé si lo percibes, pero estamos viviendo en un mundo que está muriendo de hambre. Las personas carecen de propósito. Tienen depresión y ansiedad. La tasa de suicidios continúa en aumento y los hospitales de salud mental están abarrotados. ¡Las personas tienen hambre y no tienen la más mínima idea de cómo saciar su necesidad!

Al igual que este hijo, muchos continúan yendo a lugares equivocados, buscando saciar sus vacíos con entretenimiento, pornografía, drogas, religión, trabajo o personas que están igual o aún más vacías que ellos. Están perdidos y con hambre, ¡qué combinación tan dolorosa! El «hambre» es algo que no debe ser subestimado. Cuando carecemos de amor, aceptación y seguridad, podemos comenzar a experimentar muerte en nuestra salud mental, emocional y física. La Biblia dice que este joven comenzó a morir de hambre. ¡Él estaba muriendo! Y fue en esa condición que «las **algarrobas con las que alimentaba a los cerdos le parecían buenas para comer**». El hambre nos ciega, nos cambia la forma en la que percibimos las cosas. Vemos lindo lo que es feo, vemos apetecible lo que no alimenta y vemos amor donde en realidad no lo hay. ¿Por qué crees que tanta gente sigue a artistas que no cantan bien o cuyas letras son denigrantes o sin sentido? ¿Qué les sucede a la vista y a los oídos de mucha gente? ¿Cómo se pueden distorsionar tanto los sentidos al punto de ver apetecible la comida de los cerdos?

UN MOMENTO PARA MÍ

A todos nos puede suceder que, por la necesidad que tenemos dentro, veamos como bueno algo que en realidad no lo es. ¿Crees que, como producto de tu hambre, tus sentidos se han distorsionado y estás viendo como apetecible algo o alguien que puede que no lo sea?

Antes de contestar esta pregunta pasemos lo que te gusta por el filtro de la Palabra de Dios:

«... Concéntrense en todo lo que es verdadero, todo lo honorable, todo lo justo, todo lo puro, todo lo bello y todo lo admirable. Piensen en cosas excelentes y dignas de alabanza» (Fil 4.8).

¿Eso que te gusta es **verdadero**? Por ejemplo, la pornografía es una fantasía, no es algo verdadero; por lo que, si esto es lo que te gusta, claramente tienes una visión distorsionada. Considera cada punto del versículo y hazte la pregunta: Eso que me gusta, ¿es **respetable, justo, puro, amable, digno de admiración, excelente o merecedor de elogio?**

_____

_____

_____

«El joven llegó a tener tanta hambre que hasta las algarrobas con las que alimentaba a los cerdos le parecían buenas para comer, **pero nadie le dio nada**» (Lc 15.16, énfasis propio).

«Pero nadie le dio nada». ¿Sabes que lo que estás buscando nada ni nadie te lo va a dar? Lo que el mundo ofrece no puede saciar tu necesidad interior. Este joven, después de buscar y verse con las manos vacías, supo que solo había un lugar donde su necesidad sería llenada.

«Cuando finalmente entró en razón, se dijo a sí mismo: "En casa, hasta los jornaleros tienen comida de sobra, ¡y aquí estoy yo, muriéndome de hambre! Volveré a la casa de mi padre y le diré: 'Padre, he pecado contra el cielo y contra ti. Ya no soy digno de que me llamen tu hijo. Te ruego que me contrates como jornalero' "» (Lc 15.17-19).

Hay algo que me llama mucho la atención en esta historia: aunque el hijo pensó entrar como un jornalero y a pesar de que le diría al padre que ya no era digno de ser llamado su hijo, también decidió que al verlo lo llamaría «Padre». No se imaginó la escena diciéndole «Señor». Este chico, en lo profundo de su ser y aún sintiéndose indigno, sabía que, cuando llegara a su antiguo hogar, el rostro que vería no sería el del dueño de una hacienda, sino el de su padre. Él no perdió su identidad y tú tampoco debes perderla. Quizás, como este joven, te has ido muy lejos. **Aun dentro de la misma iglesia nuestro corazón puede correr en sentido contrario a la cruz**. Quizás has buscado saciar tu necesidad con cosas o personas que finalmente nada te han dado o has desperdiciado tiempo y perdido muchas cosas; sin embargo, hay algo que no puedes perder y es tu identidad como hijo. Cuando te tornas a Dios, tienes que saber que allí te espera tu Papá, el único que puede saciar tu necesidad.

«Entonces regresó a la casa de su padre, y cuando todavía estaba lejos, su padre lo vio llegar. Lleno de amor y de compasión, corrió hacia su hijo, lo abrazó y lo besó [...]. Su padre dijo a los sirvientes: "Rápido, **traigan la mejor túnica que haya en la casa y vístanlo**. Consigan **un anillo para su dedo y sandalias para sus pies**. Maten el ternero que hemos engordado. Tenemos que **celebrar con un banquete**, porque este hijo mío estaba muerto y ahora ha vuelto a la vida; estaba perdido y ahora ha sido encontrado". Entonces **comenzó la fiesta**» (Lc 15.20,22-24, énfasis propio).

El Padre no lo buscó, pero lo estaba esperando. Hay una parte que siempre nos toca a nosotros. Nuestro Padre es respetuoso. Este no es ese padre que invade tu espacio, que te obliga a hacer lo que no quieres. Dios es un Padre que respeta a Sus hijos. Respeta sus decisiones y espera. Dios sabe lo que ha sembrado en ti y, si has aceptado a Jesús como tu salvador, has sido sellado por el Espíritu Santo, el cual te estará llamando para que regreses o permanezcas en la presencia de Dios. Tienes un buen equipo velando por tu alma.

Al leer cómo este Padre recibe a su hijo, me siento profundamente conmovida. El Padre corre hacia nosotros para rodearnos con un abrazo lleno de amor, pureza y compasión. Ese abrazo me recuerda la cruz. Al extender Sus brazos, Jesús nos demostró que Su amor es capaz de ir por encima de Su propio dolor y de nuestro pecado. Jesús revela el corazón del Padre, ese que quizás nunca conociste, pero que está esperando por ti. Dios te manda a buscar la mejor túnica, coloca un anillo en tu dedo, sandalias en tus pies y, luego de vestirte, atiende tu necesidad.

UN MOMENTO PARA MÍ

Ser vestidos por Dios implica que hemos recibido a Jesús como nuestro Señor y Salvador, y que Él gobierna nuestra vida. El Padre siempre va tras tu salvación antes de suplir cualquier otra necesidad. Él quiere vivir contigo por la eternidad, quiere hacerte Su hijo y sellarte con Su Espíritu. ¿Piensas que estás vestido con las vestiduras de tu Padre o te has alejado y debes permitir que Él vuelva a cambiar tus ropas? Si es así, toma un tiempo para hablar con el Señor y volver a casa.

Escribe en tus propias palabras lo que quisieras decirle en este momento al Señor:

_____

_____

_____

PREPAREN LA MESA

El Padre sabe que el hijo tiene hambre, lo ha sabido siempre, pero ahora, al fin el hijo ha entendido que Su Padre es el único que pueda llenar su necesidad. «¡Maten el ternero que hemos engordado!». ¿Crees que es casualidad que en esta historia el Padre haya mandado a buscar comida? Dios conoce tu hambre y anhela saciarla. Ni siquiera esperó a que el hijo pidiera alimento. Tu Padre celestial sabe de qué tienes necesidad.

«Fíjense en las aves del cielo: no siembran ni cosechan ni almacenan en graneros; sin embargo, el Padre celestial las alimenta. ¿No valen ustedes mucho más que ellas?» (Mt 6.26, NVI).

La palabra *padre* en latín es *pater* que significa 'el que nutre'. Dios está decidido a nutrirte, sustentarte y proveer lo necesario para satisfacer toda tu necesidad. Las personas, por más que quieran, no tienen la capacidad de satisfacer todas las necesidades de otros y ni siquiera pueden satisfacer las suyas. Entonces, no podemos pretender que suplan las nuestras. Nosotros tenemos limitaciones, pero Dios no. A Él no le falta nada y quiere darlo todo. Por eso Él es el Padre y nosotros los hijos.

¿Por qué insistir en vivir como huérfanos si lo tenemos a Él? ¿Por qué vivir en escasez buscando saciar nuestra necesidad si en casa nos espera el Padre celestial con un ternero engordado? ¿Por qué seguir viviendo en dolor cuando nos espera una fiesta en nuestro honor? Hijos, es hora de volver a nuestro Padre, pero esta vez entendiendo que solo en Él seremos saciados.

UN MOMENTO PARA MÍ

Esta historia nos ha mostrado algunas de las características de Dios como padre. ¿Podrías señalar a continuación todas las que identificaste?

_____

_____

_____

Oración: «Padre, te pido perdón por haber buscado suplir mi necesidad lejos de ti. Hoy corro a tu abrazo y a ese amor compasivo del que aun cuando no me siento digno; *sé que es todo lo que necesito. Por Jesús. Amén*».

Escribe en tus propias palabras lo que quisieras decirle en este momento al Señor:

_____

_____

_____

_____

Piensa en al menos tres decisiones que debas tomar basado en lo que has aprendido hoy:

1. _____

2. _____

3. _____

La mesa está servida, ¿comerás?

El regreso

Capítulo 12

«Pero a todos los que le recibieron,
les dio el derecho de llegar a ser hijos de Dios,
es decir, a los que creen en su nombre...»
(Jn 1.12, LBLA).

Anteriormente, hemos echado un vistazo al corazón del Padre celestial; Él nos recibe con amor, prepara la mesa y hace una fiesta en nuestro honor. Hoy vamos a adentrarnos en el corazón de quien recibe ese amor. Si bien es cierto que el hijo ha recibido, no es menos cierto que Él ha hecho algo para que eso suceda. Este día nos enfocaremos en nuestra parte de la historia.

En un restaurante varias amigas comentan cuánto peso han ganado en los últimos meses. Algunas con caras de frustración expresan que deben retomar sus estilos de vida saludables para volver a su peso ideal. Luego de algún rato, la mesera se acerca y pregunta si desean postre, a lo que la mayoría responde: «¡Sí!».

Es interesante cómo muchas veces identificamos el problema, sabemos lo que debemos hacer para solucionarlo, pero decidimos postergarlo o finalmente no hacer nada. Cuántas veces hemos dicho en nuestro corazón: «Sé que estoy mal», «Sé que tengo que arreglar esta área de mi vida», «Esto tiene que cambiar», pero, aun cuando lo sabemos, no hacemos nada al respecto o, al menos, nada que perdure. El hijo pródigo, al reconocer su condición, decidió hacer algo; él nos muestra el camino que tú y yo debemos seguir.

NUESTRA ELECCIÓN

Hay una fecha en el calendario académico en la que se celebra el Día del Estudiante. Recuerdo que en mi escuela se celebraba de una forma muy particular. Los maestros escogían ciertos estudiantes que cumplirían la función de profesor por ese día. Era muy divertido porque, si eras el elegido, tendrías muchos beneficios; primeramente, podrías ir vestido con ropa casual en lugar de utilizar el uniforme de la escuela. No realizarías ninguna tarea porque eras quien estaba a cargo de la clase; podías hablar cuando quisieras y hacer muchas otras cosas que en tu rol como estudiante no eran permitidas. Estos jóvenes recibían libertades que no tenían el resto del año, y era justamente esa libertad lo que hacía ese día tan deseado.

Cuando Dios diseñó a los seres humanos, nos dio libertad. No somos máquinas que alguien controla, sino que somos seres pensantes con capacidad de razonamiento y podemos elegir libremente. Dios establece que ni siquiera el amor a Él puede ser algo impuesto, sino que tenemos la libertad para elegir amarlo o rechazarlo. O bien tomarlo por Padre y convertirnos en Sus hijos, o bien vivir lejos de Él y solo ser criaturas como el resto de la creación es una decisión que siempre ha sido nuestra.

Recuerda la historia de Adán y Eva. Dios estableció que no comieran del fruto del árbol del conocimiento, pero, cuando Eva decidió ejercer su libertad para desobedecer, ella no se congeló en el tiempo, sino que pudo comerlo, al igual que Adán (Gn 3.6). Dios siempre ha respetado nuestro libre albedrío. De igual forma, el hijo pródigo tuvo la libertad de salir de la casa de su padre; nadie lo amarró para que no se fuera e incluso se llevó lo que reclamó como suyo. ¿Alguna vez has visto a alguien que haya perdido sus dones o talentos por apartarse del Señor? No. Tú te llevas lo que ya Dios te dio; Él no te lo quita.

Ahora bien, el camino que todos ellos eligieron fue uno de perdición. Adán y Eva conocieron el dolor en su máxima expresión y el hijo pródigo quedó en la miseria. Ciertamente tenemos libertad para elegir, pero cuando elegimos mal podemos traer mucho dolor a nuestra vida.

Convertirnos en hijos de Dios también es una decisión. Tú eres creación de Dios, pero el ser Su hijo es algo que tú también deberás escoger al creer y recibir a Jesús en tu corazón.

«Pero a todos los que le recibieron, les dio el derecho de llegar a ser hijos de Dios, *es decir*, a los que creen en su nombre...» (Jn 1.12, LBLA, énfasis propio).

Dios es Padre, pero Él no te obliga a ser Su hijo. Tú escoges vivir bajo la cobertura de Dios o no; eliges vivir como hijo del Padre celestial o como huérfano. La elección siempre será nuestra. Él nunca nos obligará.

UN MOMENTO PARA MÍ

Entendiendo que somos una creación amada por Dios, pero el ser hijos es una decisión, permíteme preguntarte: ¿En cuál de estas posiciones te ubicas?

- Soy hijo de Dios
- Estoy considerando convertirme en un hijo de Dios
- No soy hijo de Dios
- Creo que fui hijo de Dios y ahora no lo soy

QUIERO VOLVER A CASA

No sé si alguna vez has visto a alguien llorando y diciendo que quiere volver a casa. Quizás ha sido una persona que, tras cometer un grave error, fue echado de su hogar y luego con su corazón devastado solo anhela regresar. A veces tenemos que perderlo todo para entender el valor de lo que teníamos, tal como fue el caso del hijo pródigo. En otras ocasiones, las consecuencias de nuestros errores no se hacen tan visibles, por lo que Dios tiene que enviar a alguien para confrontarnos y hacernos entender que hemos perdido lo más valioso que el ser humano puede llegar a tener, nuestra relación con Dios. Ese fue el caso del rey David.

• Te invito a leer 2 Samuel 12–13

Era una tarde de primavera cuando el rey se paseaba por la terraza de su palacio; desde allí vio a una mujer que se estaba bañando. Ella era esposa de uno de sus fieles soldados, quien en ese momento se encontraba peleando en batalla. David mandó a llamarla, durmió con ella y la dejó embarazada. Cuando el rey supo que venía un bebé en camino, trató de que el soldado volviera a casa para que pareciera que el hijo era suyo, pero al no llevarse a cabo lo que había planificado ordenó a que posicionaran a ese soldado en el frente de batalla y lo dejaran solo para que muriera.

La realidad es que el rey tenía todo lo que cualquiera pudiera desear: tenía la posición más alta posible dentro de su reino, era admirado, tenía riquezas, podía tener el amor de las mujeres que quisiera y tenía súbditos que le servían.

Permíteme hacer un paréntesis para que consideres que Satanás siempre le hace pensar al ser humano que le hace falta algo más y que debe ir tras ello. Eva pensó que necesitaba comer de ese fruto y el hijo pródigo pensaba que necesitaba conocer el mundo. Todos somos engañados tan fácilmente. Tenemos todo y anhelamos algo más, y eso finalmente nos lleva a la ruina.

David tenía todo a sus pies, pero decidió usar su libre albedrío para hacer lo malo.

«... lo que David había hecho le desagradó al Señor» (2 S 11.27, nvi).

Tristemente, todos nosotros podemos utilizar la libertad que Dios nos ha dado para, en lugar de hacer lo bueno y conservar todas las bendiciones que Dios nos da, escoger lo malo y traer destrucción a nuestra vida.

Dios envió al profeta Natán a hablar con David. Aquella fue una conversación dura porque el profeta le reveló al rey que cargaba con un corazón asesino y adúltero. Increíblemente, David no tenía conciencia de que había hecho lo malo delante de Dios. No fue hasta que fue confrontado que abrió sus ojos y, viendo su propio corazón, entendió: «—¡He pecado contra el SEÑOR! —reconoció David ante Natán» (2 S 12.13, NVI).

Ese momento tiene que llegar a nuestra vida. Ese momento en el que descubrimos nuestro propio corazón y cuán alejado está de Dios. El hijo pródigo también vivió ese momento cuando entró en razón y se dijo a sí mismo: «Volveré a la casa de mi padre y le diré: "Padre, he pecado contra el cielo y contra ti"» (Lc 15.18).

UN MOMENTO PARA MÍ

Todos los personajes que te he presentado utilizaron su libertad equivocadamente. ¿Te puedes identificar con ellos en alguna manera? Si es así, ¿por qué?

_____

_____

_____

ALGUIEN TE LLAMA

El Espíritu Santo nos alienta a volver a casa. Cuando creemos y recibimos a Jesús como salvador personal, no solo recibimos la adopción de nuestro Padre celestial y la preciosa amistad de Jesús, sino que también somos sellados con el Espíritu Santo, quien morará en nosotros desde ese día y nos guiará a hacer lo correcto hasta que seamos levantados a la eternidad.

«Y cuando venga el Espíritu de verdad, él los guiará a toda la verdad...» (Jn 16.13, RVA-2015).

El remordimiento nos echa en cara nuestros errores para que, sintiéndonos indignos y llenos de culpa, nos detengamos en el lugar donde hemos caído. En cambio, el Espíritu Santo nos confronta con nuestro pecado para que cambiemos nuestro rumbo y volvamos a casa para comenzar de nuevo.

Es hermoso y poderoso lo que Jesús ha hecho por nosotros. Nos ha concedido el privilegio de realmente comenzar de nuevo. La libreta con todos nuestros errores es borrada y el papel está en blanco otra vez para escribir una nueva historia.

«Volverás a tener compasión de nosotros. *¡**Aplastarás nuestros pecados bajo tus pies y los arrojarás a las profundidades del océano!**»* (Mi 7.19, énfasis propio).

A esa renovación de vida es a la que nos dirige Su santo Espíritu.

VOLVERÉ A CASA DE MI PADRE

La parábola del hijo pródigo revela principios importantes para volver a casa.

Primeramente, el hijo reconoció su pecado: «Y el hijo le dijo: "Padre, he pecado contra el cielo y ante ti..."» (Lc 15.21, LBLA).

Pídele al Espíritu de Dios que, como sucedió con David, abra tus ojos para que puedas ver tu propio corazón. Él te revelará lo que necesitas ver en tu vida para ser perdonado y transformado. Cuando veas tu condición, no permitas que la vergüenza te detenga. Este hijo, a pesar de sentirse indigno, no se detuvo en su regreso al hogar.

En segundo lugar, ve con la actitud correcta. El hijo no tomó en poco su agravio, sino que reconoció su pecado, no dio excusas, no culpó a otros y tampoco vino reclamando nada; él volvió humillado.

Tercero, ve para quedarte. La intención del hijo no era visitar a su padre, sino quedarse a vivir con él, y esto es sumamente importante. Hay quienes solo quieren «visitar a Dios»; piensan volver a la iglesia los domingos, pero continuar la vida de pecado que llevan el resto de la semana. Necesitamos comprender que la iglesia no es un lugar, sino que la iglesia somos nosotros mismos, por lo que a Dios no se lo visita, sino que, o vivimos para Él o no vivimos para Él.

El arrepentimiento es cambiar nuestra forma de pensar y cambiar la ruta que llevábamos para tomar otro camino; esta vez, el camino no es el que nosotros queremos, sino el que Dios establece en Su Palabra. Él es claro en señalar cómo debemos vivir nuestra vida. Si el ser humano quiere vivir en Su presencia, no puede vivir a su propia manera, sino a la manera de Dios.

> El regresar a casa no es algo trivial ni es religiosidad.
> El volver a casa representa volver a morar
> en la presencia misma de Dios.

Había una canción que me gustaba mucho; su estribillo era una pregunta: «¿Y tú, ¿cómo estás?». Esa es la pregunta que me gustaría que compartiéramos juntos: ¿Cómo estás? ¿Cómo está tu vida? Ya tienes una idea del carácter de Dios y sabes que, al igual que sucedió con el hijo pródigo y David, el Padre siempre está dispuesto a recibirte como Su hijo, pero, ¿harás tu parte? ¿Usarás tu libertad para que el Señor te haga Su hijo o la utilizarás para quedarte lejos? Si en este día decides acercarte a Dios y volver a casa, haz esta oración en voz alta conmigo:

«Señor Jesús, creo en ti y te recibo como el Señor y Salvador de mi vida. Te pido que perdones mis pecados y me recibas como tu hijo. Amén».

Escribe en tus propias palabras lo que quisieras decirle en este momento al Señor:

_____

_____

_____

_____

Piensa en al menos tres decisiones que debas tomar basado en lo que has aprendido hoy:

1. _____

2. _____

3. _____

*El camino para hacerte bien incluye una
parada en la gracia y el perdón.*

Una parada inevitable

Capítulo 13

*«El hombre misericordioso hace bien a su propia alma;
mas el cruel se atormenta a sí mismo».*
(Pr 11.17, RVG).

¡Alguna vez has echado tanta agua en un vaso que se ha desbordado? Cuando el líquido sobrepasa el envase, se derrama y toca todo lo que lo rodea. Esto es exactamente lo que debe suceder en nuestra vida. En los capítulos anteriores hemos presentado ese amor compasivo y perdonador de nuestro Padre celestial; hoy aprenderemos a dar a otros lo que hemos recibido.

Digamos que vas a hacer un pastel de chocolate. Mezclas todos los ingredientes y, al probar la mezcla, piensas que está tan deliciosa que ya con esa parte del proceso es suficiente, por lo que no vas a colocarla en el horno. ¿Qué sucederá? Tendrás una mezcla para pastel, pero no tendrás un pastel. Muchas personas disfrutan tanto encontrarse con el amor de Dios que reducen el evangelio simplemente a esa sensación. La realidad es que el proceso de transformación no se basa solo en recibir, sino que tiene una segunda parte que es vital para acercarnos a la libertad que Dios quiere darnos. Este paso que aprenderás hoy no puede ser evitado ni ignorado y tampoco es sencillo de obedecer, pero recuerda que no estás solo en el proceso: el Espíritu Santo está contigo para que lo hagan juntos. ¿Listo para colocar la mezcla en el horno?

DOS CAMINOS

Imagina que vas conduciendo y te encuentras con una intersección. No puedes simplemente detenerte, sino que tienes que elegir cuál de los dos caminos tomar. La Biblia nos presenta también dos caminos entre los que todos, sin excepción, tendremos que elegir.

> «El hombre misericordioso hace bien a su propia alma; *mas* el cruel se atormenta a sí mismo» (Pr 11.17, RVG, énfasis propio).

Claramente este versículo nos presenta dos caminos:

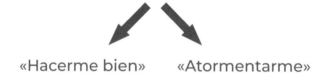

«Hacerme bien»   «Atormentarme»

Estoy segura que, ante estas dos opciones, todos elegiríamos «hacernos bien» y rechazaríamos cualquier decisión que nos pudiera llevar a «atormentarnos».

UNA VIDA DE TORMENTO

Los seres humanos tendemos a revivir y sufrir lo que nos ha lastimado una y otra vez. Irónicamente, de un chiste podríamos reírnos una o dos veces, pero ya la tercera vez que lo escuchamos posiblemente no nos dé risa. Sin embargo, los malos momentos podemos llorarlos no una ni dos veces, sino toda la vida.

Tormento es por definición 'alterarse, inquietarse, preocuparse, sentirse alarmado'. Sin duda, los recuerdos negativos del pasado podrían provocar todos estos sentimientos. Como fantasmas, pueden venir a nosotros recuerdos dolorosos acompañados muchas veces por voces con palabras hirientes que no logramos olvidar. Podríamos acceder tanto a esos recuerdos hasta convertirlos en nuestros fieles compañeros. No importa a dónde viajemos, lo que alcancemos en nuestra vida o con quién estemos, allí podrían ir con nosotros. El tormento puede hacerse parte de nuestro equipaje, una carga muy pesada de la que pareciera que no podemos escapar.

UN MOMENTO PARA MÍ

Todos hemos sufrido eventos que en su momento trajeron preocupación o angustia. Sin embargo, algunos de ellos podrían continuar atormentándonos en el presente. ¿Identificas en tu vida algún evento del pasado que todavía logre alterarte o te haga sentir preocupado? Te invito a escribirlo. El sacarlo de tu mente y escribirlo en tu diario personal es parte del proceso de sanidad.

_____

_____

_____

PRIMERA PARADA

¿Cómo puedo renunciar al camino de tormento que sin darme cuenta he elegido? ¿Cómo puedo hacerme bien?

El proverbio que hemos venido repitiendo nos tiene la respuesta. «El hombre misericordioso se hace bien a sí mismo». Una de las cosas que implica la misericordia es el PERDÓN.

Hace unos días escuché a un predicador compartir una ilustración que trae mucha luz en relación a este tema. Imagina que alguien te ha hecho daño, por lo que lo apresas y lo llevas a la cárcel para que pague por lo que te hizo. Como es algo personal, te vuelves el custodio de esa persona; estás noche y día frente a su celda velando que el preso no se escape. Te pregunto: ¿Cuántos presos hay allí? Realmente hay dos porque tú te has hecho preso juntamente con él. Sin darte cuenta, has elegido atormentarte a ti mismo quedándote allí. Si soltaras a esa persona, tú también quedarías libre.

Perdonar es *soltar* a quien te hizo daño, es dejarlo ir, e implica una liberación propia porque también te liberas a ti mismo del tormento.

UNA HISTORIA REAL

El capítulo 13 de 2 Samuel nos presenta la historia de una familia real. El rey David era padre de la princesa Tamar y el príncipe Amnón. En esa familia sucedió algo muy doloroso que colocó a Tamar en la posición de tener que elegir entre los dos caminos que te presento hoy: «hacerse bien» o «atormentarse».

Tamar era una joven hermosa y virgen. Amnón, su medio hermano, sentía que se había enamorado de ella. En esta cultura oriental y antigua, él podía pedirla como su esposa al rey. Sin embargo, ese no era el deseo de este joven; lo que él verdaderamente anhelaba era tener intimidad sexual con ella sin ningún compromiso. La historia nos relata que un día este hombre simuló estar enfermo y pidió que Tamar le trajera comida. Mientras le servía, él la tomó con fuerza y abusó de ella. Luego de violentarla, la aborreció y la echó de su cuarto como si no valiera nada.

Después de relatarte esta historia, permíteme hacerte dos preguntas:

¿Crees que este muchacho que abusó sexualmente de su media hermana merece perdón?

Este joven se aprovechó de la posición que tenía, de la confianza que se le brindaba, de ser más fuerte que su víctima para abusar sexualmente de ella. ¿Merece perdón? Si piensas como yo, la respuesta es: «¡No!».

Permíteme hacerte una segunda pregunta:

¿Crees que Tamar merece ser libre del dolor? ¿Piensas que esta joven merece ser libre de la vergüenza, la angustia y el tormento que la persigue desde ese día? Seguramente, todos responderemos: «¡Sí!».

Ahora bien, ¿qué tal si yo te digo que, para que ella sea libre del dolor, tiene que darle a su agresor lo que él no merece?

> Para que seamos libres del dolor
> tendremos que otorgar el perdón que
> nuestros agresores no merecen.

Podemos pensar que perdonar no es lo justo, pero la misericordia es el único camino para hacernos bien y alejarnos del tormento.

Cuando alguien haga algo que te lastime y tengas que tomar la decisión de perdonarlo, la pregunta que debes hacerte **no** es si esa persona lo merece. La pregunta que necesitas hacerte es si tú necesitas ser libre del tormento. Tú necesitas hacerte bien. Si hay una persona a quien debemos cuidar es a nosotros mismos. Somos la primera persona que Dios puso a nuestro cargo y la única forma de cuidar nuestra propia mente y corazón es tomar el camino del perdón, ese camino que el agresor no merece, pero que nosotros necesitamos.

Y, SI EN LUGAR DE TAMAR, ¿TÚ ERES AMNÓN?

Si hay algo doloroso en la vida es cuando somos nosotros los que lastimamos, abandonamos, agredimos o fallamos de alguna manera. Hay ocasiones en que el tormento viene por la culpa. Si, cuando piensas en el agresor, el rostro que ves es el tuyo, entonces necesitas tomar la decisión de perdonarte a ti mismo, aunque no lo merezcas. El atormentarte no va a cambiar lo sucedido, y el remordimiento es algo que Satanás, que es un torturador, va a usar para lastimarte y detenerte. Si te has arrepentido de tu ofensa y has recibido a Jesús como tu Salvador personal, has sido lavado con la sangre de Cristo, que te limpia de todo pecado, por lo que tienes la autoridad para detener la voz de Satanás en tu vida. El Espíritu Santo te mostrará cómo puedes reparar las consecuencias de tu error, un tema que abordaremos en otro capítulo, pero debes renunciar a ese lugar de condenación del que Cristo mismo te dio la oportunidad de ser libre.

EL VIAJE

Mi trabajo es una de las cosas que más amo en la vida. Sin embargo, debo conducir tres horas diariamente para llegar y esa parte no me gusta. Yo tengo que hacer lo que *no* quiero para llegar a donde *sí* quiero.

De la misma manera, todos nosotros deseamos hacernos bien, pero no necesariamente deseamos pasar por el proceso del perdón. No deseamos enfrentarnos al dolor ni otorgar aquello que entendemos que otros no merecen; sin embargo, el viaje es necesario para llegar a donde queremos «hacernos bien».

UN MOMENTO PARA MÍ

Todos hemos sido lastimados y, tristemente, podemos tener apresadas a varias personas dentro de nosotros, sin darnos cuenta de que estamos apresados juntamente con ellos. ¿Puedes identificar a quiénes necesitas perdonar para liberarte a ti mismo? Te invito a escribir sus nombres y aquello que hicieron que te lastimó. Recuerda que cada ejercicio es parte del proceso de sanidad. No lo saltes.

_____

_____

_____

EL PRIMERO EN LA PARADA

Frente a los dos caminos que hoy te he presentado, nuestro Padre celestial nos señala el camino hacia la libertad. Ese camino tiene una parada en el perdón. Pero sabes, ninguno de nosotros será el primero en detenerse allí. Antes que cualquiera de nosotros, hubo alguien que tuvo que hacer esta parada y la hizo justamente por ti y por mí. Cuando tú y yo ofendimos al Señor con nuestro pecado y no merecíamos Su perdón, Jesús decidió detenerse en ese lugar. Esa parada fue muy dolorosa e implicó un sacrificio que verdaderamente nosotros no merecíamos. Para Jesús esa parada del perdón significó más que una decisión; significó la cruz y la aceptó por nosotros.

«No ha hecho con nosotros conforme a nuestras iniquidades, ni nos ha pagado conforme a nuestros pecados. Porque como la altura de los cielos sobre la tierra, **engrandeció su misericordia** sobre los que le temen» (Sal 103.10-12, RVR1960, énfasis propio).

Dios no nos está pidiendo que demos algo que Él no nos haya dado primero. Él ha derramado toda Su misericordia sobre nosotros, y ahora ese perdón que ha salido de Su corazón para perdonarte es tan abundante que se derrama para que lo otorgues a otros.

Al principio te dije que la parada que te mostraría hoy es indispensable para la sanidad, pero no estarás solo cuando te detengas en ella. Tienes al Espíritu Santo dentro de ti para que se detengan juntos y obtengas la libertad que tu alma anhela.

Oración: «Padre, no quiero vivir más atormentado. Hoy tomo la decisión de dar a otros el perdón que he recibido de ti. Te pido que tu Espíritu Santo haga la obra que tiene que hacer en mi vida y traiga a memoria las personas a las que tengo que perdonar porque las voy a soltar aquí, contigo, ahora. Por Jesús. Amén».

Escribe en tus propias palabras lo que quisieras decirle en este momento al Señor:

_____

_____

_____

En «Un momento para mí», escribiste aquellas personas que te lastimaron y que necesitas soltar. A continuación, haremos un ejercicio juntos para comenzar este proceso. Si esa persona a quien necesitas perdonar eres tú mismo, no olvides que por personas como Amnón Jesús también fue a la cruz, así que hazlo.

Te invito a declarar en voz alta lo siguiente:

«_____, yo te perdono como Cristo me ha perdonado,
Nombre de la persona

y recibo mi libertad».

Si antes o durante el proceso necesitas detenerte, pídele ayuda al Señor escribiendo tu oración en este recuadro. Dios está contigo para ayudarte.

No porque el deudor merezca ser perdonado,
sino porque, cuando el deudor fui yo,
Dios me perdonó.

Libre de los verdugos

Capítulo 14

«Si perdonas a los que pecan contra ti,
tu Padre celestial te perdonará a ti;
pero si te niegas a perdonar a los demás,
tu Padre no perdonará tus pecados»
(Mt 6.14-15).

Cuando era pequeña, recuerdo que había una cafetería en mi escuela. Todos los días mi mamá me daba un dólar para que comprara lo que quisiera. Había días que lo que deseaba comprar excedía el dinero que tenía y la señora de la tienda me permitía pagarlo después. Como imaginarán, yo en ese tiempo no trabajaba, por lo que, aunque la deudora era yo, realmente era mi mamá la que pagaba mi deuda. Cuando cumplí diecisiete años, mi papá me regaló un automóvil. Me dijo que me dedicara a los estudios y que él pagaría por el auto. Entonces, nuevamente disfruté de algo que otro pagó. De la misma manera, cada uno de nosotros éramos deudores de una deuda que no podíamos pagar, entonces nuestro Padre celestial, entregando a Su hijo unigénito, pagó por nuestros pecados y nos liberó de ella. ¿Cómo se supone que respondamos ante tanto amor?

EL DEUDOR Y SU REY

· Lee Mateo 18.23-31

Esta historia bíblica nos presenta un deudor que debía una inmensa cantidad de dinero. Desafortunadamente, este hombre no tenía la capacidad económica para pagar una deuda tan grande, por lo que, conforme a las leyes de ese tiempo, tanto él como su esposa e hijos debían ser vendidos como esclavos. El siervo, al verse imposibilitado de pagar, se postró y suplicó que se le diera más tiempo para pagar. Ante la humillación de este hombre, el rey sintió misericordia y le dio algo mucho mejor de lo que el siervo pidió. En lugar de darle más tiempo para pagar, le perdonó toda la deuda y lo liberó junto a toda su familia.

¡Qué maravilloso rey! ¡Cuánta bondad brotó de su corazón al liberar a quien le debía tanto!

Ante esta experiencia tan extraordinaria de perdón, ¿cómo crees que debería ser este siervo con todos los que le debían? ¿Qué sería lo justo después de haber recibido tanta misericordia? ¿Qué se espera de un hombre que ha recibido tanto amor? Es posible que todos estemos de acuerdo en que debería ser una persona que muestre compasión con todos los que lo rodean porque quien mucho ha recibido mucho debe dar.

«... ¡Den tan gratuitamente como han recibido!» (Mt 10.8).

Tristemente, esa no fue la actitud del siervo. Este hombre, después de recibir tanta misericordia, no fue capaz de perdonar. Este que fue liberado de una deuda impagable decidió apresar a quien le debía. ¡Qué triste es cuando no entendemos el perdón que se nos ha dado! Qué lamentable es cuando no somos capaces de dar, aunque sea un poco, de lo mucho que hemos recibido de Dios.

En el transcurso de nuestra vida habrá mucha gente que nos lastime y es muy posible que, al experimentar dolor por dichas acciones, concluyamos que no merecen nuestro perdón. Sin embargo, el perdonar a otros no significa que ellos lo merezcan, sino que se trata de dar un poco de lo mucho que hemos recibido de nuestro Rey. No podemos basar nuestro perdón en la relación que tenemos con el agresor, sino que tenemos que basar nuestro perdón en la relación que tenemos con Dios.

> No se trata de si el deudor merece ser perdonado;
> se trata de que, cuando el deudor
> fui yo, Dios me perdonó.

¿Cómo no voy a dar una mínima parte de lo mucho que he recibido? Este siervo, cuando se humilló, al igual que David y el hijo pródigo, fue perdonado (Sal 51; Lc 15.11-24). Sin embargo, él no pudo dar a otros del perdón y la misericordia que había recibido de su rey.

Muchas veces, cuando somos lastimados, nos volvemos jueces de quienes nos han herido. Nos levantamos de la silla de la víctima y nos sentamos en la silla del juez e, irónicamente, la sentencia que damos es totalmente distinta a la que recibimos. Cuando estábamos en la silla del acusado, fuimos absueltos; aunque merecíamos la muerte, fuimos perdonados por completo. Pero ahora, tomando el lugar que no nos corresponde, juzgamos al otro tan duramente que nuestro veredicto no da lugar a la absolución. Cuán injustos podemos llegar a ser. ¡Cuánto necesitamos entender lo que Jesús hizo por nosotros en esa cruz!

NUESTRA MALDAD

¿Alguna vez te has preguntado qué sucedería si no diéramos a otros el perdón que hemos recibido?

«Entonces, llamándole su señor, le dijo: Siervo malvado, toda aquella deuda te perdoné, porque me rogaste. ¿No debías tú también tener misericordia de tu consiervo, como yo tuve misericordia de ti? Entonces su señor, enojado, le entregó a los verdugos, hasta que pagase todo lo que le debía. Así también mi Padre celestial hará con vosotros si no perdonáis de todo corazón cada uno a su hermano sus ofensas» (Mt 18.33-35, RVG).

La historia relata que el rey, cuando se enteró de que el siervo no había perdonado, lo llamó malvado. Creo que pocas veces entendemos que no perdonar es maldad. Tendemos a pensar que maldad es lo que nos han hecho, pero Dios nos llama malvados cuando nosotros no perdonamos. Me llama la atención que en inglés esta palabra es *evil*, que también puede ser traducida como «diablo». Esto es bastante revelador, ¿cómo es posible que un hijo de Dios, lavado por la sangre de Cristo, se comporte de tal forma que Dios considere que *evil* es la palabra más exacta para describir su corazón? Realmente tenemos que examinarnos, porque nuestro corazón puede estar lleno de maldad sin darnos cuenta.

«Sobre toda cosa guardada,
guarda tu corazón...»
(Pr 4.23, RVR1960).

UN MOMENTO PARA MÍ

Echemos un vistazo a tu corazón. El deseo de Dios es que tu corazón esté completamente sano, pero no puede haber sanidad donde hay maldad. Si reconoces que, a pesar de que has recibido tanto perdón de Dios, has decidido no perdonar a otros, te invito a tomar un momento para pedirle perdón al Señor. Escribe tu oración a continuación:

_____

_____

_____

_____

LOS VERDUGOS

Jesús cuenta en la historia que, ante la falta de perdón del siervo, el rey lo entregó a los verdugos. Un verdugo es una persona encargada de ejecutar una sentencia de muerte o de aplicar una pena que implica un castigo físico. El verdugo, de este modo, es aquel que tiene la función de matar o castigar al que ha sido condenado.

Esta es una verdad que necesitamos entender. Los que se niegan a perdonar son atormentados por espíritus malignos que aprovechan nuestro dolor para lastimarnos, hasta acabar con nuestra salud física, emocional y espiritual.

Con el fin de que entendamos lo que estos verdugos pueden representar en nuestra vida, voy a clasificarlos en diferentes áreas de nuestro ser:

EL VERDUGO DE LA MENTE

Seguramente has escuchando que la mente es un campo de batalla. Cuando no perdonamos es como si la batalla nunca terminara. Por más que luches, no vas a ganar, porque sencillamente lo único que termina con la batalla es el perdón. Esa es la única decisión que tomará a tus enemigos y los sacará de tu cabeza. Otras posibilidades, como la venganza, solo te esclavizarán más porque estarás dedicando tiempo y esfuerzo a pensar en lo que te dañó y eso traerá tristeza y ansiedad a tu vida.

El cerebro es adaptativo, es decir que, cuando piensas por mucho tiempo de una manera, es como si se hicieran surcos o caminos que hacen que comiences a operar siempre en esa forma o dirección. Por ejemplo, si no perdonas a alguien que te traicionó y día a día traes a tu mente esa experiencia no resuelta, poco a poco comienzas a pensar que, de alguna forma, todos te traicionan o lo harán. Nuestra mente comienza a operar de forma tal que atenta contra nosotros mismos.

¡Qué vida de amargura tan grande podemos llegar a vivir cuando no perdonamos! Por eso es necesario que permitamos que, con el amor que hemos recibido de Dios, cubramos a todos nuestros deudores y, una vez sanos, podamos disfrutar de una mente llena de paz y descanso.

EL VERDUGO DEL CORAZÓN

Les llamamos *corazón* a nuestras emociones y sentimientos. Cuando decidimos no perdonar es como si las heridas que llevamos dentro se pudrieran y dañaran nuestras emociones. Comenzamos a experimentar sentimientos de dolor tan profundos que podríamos incluso perder las ganas de vivir. Aquello que antes te producía ilusión ya no lo provoca. Las fuerzas con las que enfrentabas la vida se van. No sentimos gratitud porque dejamos de ver todo lo bueno que nos rodea. A pesar de que somos amados, no lo sentimos, porque el verdugo del corazón nos hace perder la habilidad para recibir o expresar amor.

EL VERDUGO DE LA ESPIRITUALIDAD

«No entristezcan al Espíritu Santo de Dios con la forma en que viven [...]. Por el contrario, sean amables unos con otros, sean de buen corazón, y perdónense unos a otros, tal como Dios los ha perdonado a ustedes por medio de Cristo» (Ef 4.30,32). Todos aquellos que hemos experimentado la llama del Espíritu de Dios somos conscientes de que no podríamos vivir sin ella. Lo que hace que los seres humanos nos sintamos plenos y llenos de propósito es justamente experimentar esa presencia viva del Espíritu Santo dentro de nosotros. Si lo entristecemos a consecuencia de nuestra falta de perdón, experimentaremos un doloroso vacío que ninguna otra cosa o persona puede llenar.

> No permitas que la falta de perdón te impida experimentar la presencia del Espíritu Santo en tu vida.

EL VERDUGO DE LAS RELACIONES

Los seres humanos somos seres imperfectos, por lo que nuestras relaciones revelan esa realidad. Eso no significa que no podamos ser relativamente buenas personas. Lo que significa es que, como parte de nuestra realidad humana, en algún momento vamos a fallar. Interpretaremos mal algo que se dijo, diremos lo que no debimos y ofenderemos de alguna manera y, si no pedimos perdón para seguir adelante, estaremos destinados a la soledad.

Si hay algo que le da color a la vida es tener amigos, y tú te estarías negando esa oportunidad al no querer dar el perdón que también has necesitado. Coloca la lupa en las virtudes de quienes te rodean en lugar de en sus defectos y aprende a brindar perdón cuando sea necesario. Créeme que disfrutarás de una vida llena de hermosos momentos, en lugar de vivir atormentado por la amargura y la soledad.

UN MOMENTO PARA MÍ

Reconociendo que estos verdugos pueden venir a nuestra vida cuando no hemos perdonado, ¿puedes señalar algún área de tu vida que se ha lastimado? Escribe de qué manera entiendes que se ha afectado.

- Mente _____

_____

- Corazón _____

_____

- Espiritualidad _____

_____

- Relaciones _____

_____

¿Qué decisión tomarás para quitarle autoridad a estos «verdugos» en tu vida?

_____

_____

_____

_____

_____

_____

Cuando no perdonamos vivimos torturados. El deseo de Dios es que vivamos libres, por eso entregó a Su Hijo y pagó cuando nosotros éramos los deudores. ¿Cómo nos negaremos el derecho de vivir en la libertad que Cristo compró por no dar a otros el perdón que hemos recibido?

**¡Decide vivir una vida de perdón y mantente
sano y libre al lado de tu rey!**

Oración: «Padre, decido vivir perdonando. Voy a vivir una vida libre de toda tortura dando a otros lo que he recibido de ti. Gracias, Jesús, por enseñarme a vivir. Amén».

Si te atreves, di esto conmigo:

_____, ya no me debes nada.
(Nombre del que te lastimó)

La deuda está saldada.

Si te vienen a la mente otras personas a las que debes perdonar, usa el recuadro a continuación para que establezcas tu compromiso de libertad delante del Señor.

_____

_____

_____

Escribe en tus propias palabras lo que quisieras decirle en este momento al Señor:

_____

_____

_____

_____

Piensa en al menos tres decisiones que debas tomar basado en lo que has aprendido hoy:

1. _____

2. _____

3. _____

Si descubro lo más oculto de mi interior y adquiero todo
el conocimiento para sanarme y rediseñarme, pero
no entiendo que el poder que necesito para lograrlo
está en Jesús, he perdido mi tiempo y esfuerzo.

Nombre sobre todo nombre

Capítulo 15

«Por lo cual Dios también le exaltó hasta lo sumo,
y le dio un nombre que es sobre todo nombre» (Fil 2.9, RVR1960).

Una tarde, Luis salió de su trabajo agotado. Mientras conducía a su hogar se enfrentó a su peor pesadilla. Él venía de una vida de alcoholismo que había lastimado profundamente a su esposa e hijos. Apenas hace un año, Luis había entregado su vida a Jesús; sumergido en una profunda intimidad con Dios, se había convertido en el padre y esposo que su familia anhelaba.

Sin embargo, esa tarde tendría que enfrentarse a la atadura que por tanto tiempo le había robado su gozo y paz. Mientras manejaba, vio en su mente la imagen de una enorme cerveza. La espuma descendía por el vaso; parecía estar muy fría. La deseó tanto que sintió que todo su cuerpo se estremecía.

Creo que todos hemos atravesado por experiencias similares a la de Luis. Más allá de cuál sea tu lucha o debilidad, todos enfrentamos tentaciones o emociones tan intensas que podríamos pensar que no hay escapatoria. Podríamos enfrentarnos a algún vicio, como en el caso de este hombre, o quizás a una experiencia tormentosa del pasado, al intenso dolor de la depresión, a la angustia desesperante de la ansiedad, a alguna tentación sexual o a una enfermedad física. A todos nos llega esa tarde... ese momento en el que la imagen de lo que nos atormenta se coloca frente a nosotros y pensamos que somos demasiado débiles para escapar.

UN MOMENTO PARA MÍ

¿Puedes identificar algo en tu vida que, cuando lo enfrentas, sientes que no puedes decir que no? ¿Qué es y hace cuánto tiempo ocurre?

_____

_____

_____

_____

UN NOMBRE POR ENCIMA DE TODOS

«... Dios lo elevó al lugar de máximo honor y le dio el nombre que está por encima de todos los demás nombres...» (Fil 2.9, NTV)

Piensa en los grandes nombres que hay en el mundo y en el poder que tienen. Por ejemplo, un nombre con mucha autoridad es el del presidente de Estados Unidos. Quien posee ese nombre tiene el poder para liderar el gobierno federal y las Fuerzas Armadas; nombrar, junto al consejo y el Senado, a los oficiales ejecutivos y judiciales; estar frente a la política exterior del país, entre muchas otras facultades. Ciertamente, es un nombre con mucho poder.

Pensemos en otro nombre con poder, pero esta vez en el campo de la medicina, por ejemplo, un cirujano cardiovascular. Quien haya adquirido este título tiene el poder para hacer una intervención quirúrgica de alto riesgo que podría llegar a salvarle la vida a un ser humano. Ciertamente, es un nombre con poder.

Por último, pensemos en un nombre más, como el del presidente de una compañía multinacional. Quien tiene este nombre tiene el poder de decidir quién trabaja en dicho lugar e incluso quién podrá ser muy prosperado económicamente dentro de su compañía de acuerdo al puesto que le otorgue.

Ahora bien, considerando la autoridad que hay en los nombres importantes en la tierra, lee esto con atención:

> «Por lo tanto, Dios lo elevó al lugar de máximo honor y **le dio el nombre que está por encima de todos los demás nombres para que, ante el nombre de Jesús**, se doble toda rodilla en el cielo y en la tierra y debajo de la tierra, y toda lengua declare que Jesucristo es el Señor para la gloria de Dios Padre» (Fil 2.9-11, énfasis propio).

¡Posiblemente, no tenemos idea del poder que hay en el nombre de Jesús! El nombre de Dios ha sido exaltado por encima de todos los nombres de la tierra. La autoridad de Jesús excede cualquier autoridad. Por encima de los dictámenes de los gobiernos, los diagnósticos de la medicina, los pronósticos de la economía, hay alguien que gobierna y ese alguien es Jesús.

Cuando una persona le entrega su vida a Jesús, es preciso que entienda la autoridad que hay en el nombre de su Señor.

- En el nombre de Jesús hay poder para salvar de la condenación.

> «Si declaras abiertamente que Jesús es el Señor y crees en tu corazón que Dios lo levantó de los muertos, serás salvo» (Ro 10.9).

¿Puedes pensar en una autoridad mayor a esa? No solo esta vida, sino también tu eternidad, es marcada por el nombre de Jesús. ¿Acaso hay un hombre o mujer en esta tierra o algún espíritu en los aires que pueda otorgar semejante salvación? No lo hay. No hay ningún otro. ¡La salvación solo está en JESÚS!

- En el nombre de Jesús hay poder para sanar al hombre de toda enfermedad.

«¿Alguno está enfermo? Que llame a los ancianos de la iglesia, para que vengan y oren por él y lo unjan con aceite **en el nombre del Señor**. Una oración ofrecida con fe, sanará al enfermo, y el Señor hará que se recupere...» (Stg 5.14-15, énfasis propio).

El poder de la sanidad no proviene de los seres humanos ni del aceite que derraman; el poder de Dios se manifiesta porque el nombre de Jesús es invocado. ¿Conoces a algún doctor tan excelente que solo al invocarse su nombre el enfermo es sanado? No se le ha concedido a ningún ser humano semejante autoridad y poder. Pueden estudiar toda la medicina de la tierra y conocer todos los remedios, pero solo el nombre de Jesús otorga vida.

- En el nombre de Jesús hay poder para liberar al hombre de todo demonio u opresión.

«Cuando los setenta y dos discípulos regresaron, le informaron llenos de alegría: —¡**Señor, hasta los demonios nos obedecen cuando usamos tu nombre!** [...] —Miren, les he dado autoridad sobre todos los poderes del enemigo; pueden caminar entre serpientes y escorpiones y aplastarlos. Nada les hará daño. Pero no se alegren de que los espíritus malignos los obedezcan; alégrense porque sus nombres están escritos en el cielo» (Lc 10.17, 19-20, énfasis propio).

La Biblia nos enseña que, cuando aceptamos a Jesús como nuestro Salvador, somos trasladados de las tinieblas al reino de la luz (Col 1.13). Desde ese momento, ya las tinieblas no tienen autoridad sobre nosotros. Sin embargo, Satanás, que es un engañador, va a intentar por todos los medios hacerte pensar que no es así, que tú no eres totalmente libre, que las cosas que antes te dominaban todavía lo pueden hacer y que los demonios que antes te atormentaban todavía tienen autoridad sobre tu vida. Es necesario que entiendas que eso es una gran mentira y que, cuando el enemigo trate de lastimarte con cualquier pensamiento, padecimiento o tentación, reconozcas que tienes un nombre que es sobre todos los nombres, para declararte libre de toda opresión del enemigo.

Como vimos en estos versículos, los demonios TIENEN que sujetarse y huir ante el nombre de Jesucristo, quien tiene toda autoridad. El reclamar el poder que hay en el nombre de Jesús ante toda situación de adversidad tiene que convertirse en un hábito en tu vida. Por años hemos trivializado y mal usado el nombre de Jesús. Terminamos cada oración a Dios utilizando Su nombre, ignorando muchas veces el poder que hay en él. Necesitamos despertar porque la Biblia enseña que los hijos de Dios que CREEN en la autoridad que hay en el nombre de Jesús son los que verán la manifestación de Su poder.

> «Estas señales milagrosas acompañarán **a los que creen**: expulsarán demonios en mi nombre y hablarán nuevos idiomas» (Mr 16.17, énfasis propio).

Hay quienes equivocadamente piensan que el poder para echar fuera demonios y hablar en lenguas espirituales radicaba solo en los discípulos del tiempo de Jesús. Eso es totalmente contrario a las Escrituras. El poder de Dios no se circunscribe a un tiempo. La Biblia nos dice con absoluta claridad que «Jesucristo es el mismo ayer y hoy y por los siglos» (Heb 13.8). Cuando la iglesia de hoy cree como creyó la iglesia primitiva ve la gloria de Dios.

UN MOMENTO PARA MÍ

¿Alguna vez habías considerado la importancia del nombre de Jesús? ¿Tienes el hábito de clamar creyendo en el nombre de Jesús cada vez que enfrentas una situación que debes vencer? Si no es así, ¿cómo sueles enfrentar tus luchas? ¿Te ha dado buenos resultados?

_____

_____

_____

ÁBRETE, SÉSAMO

Recuerdo una historieta que mi mamá me leía cuando era pequeña. Unos ladrones se colocaban frente a una montaña y, cuando decían «Ábrete, sésamo», una entrada se abría para que ellos ingresaran a un lugar lleno de tesoros. Algo parecido a este cuento infantil fue lo que les sucedió a algunas personas al ver los grandes milagros que ocurrían cuando Pablo pronunciaba el nombre de Jesús. Ellos comenzaron a utilizarlo como si fuera una palabra mágica y observen lo que ocurrió:

> «Un grupo de judíos viajaba de ciudad en ciudad expulsando espíritus malignos. Trataban de usar el nombre del Señor Jesús en sus conjuros y decían: "¡Te ordeno en el nombre de Jesús, de quien Pablo predica, que salgas!". En una ocasión que lo intentaron, el espíritu maligno respondió: "Conozco a Jesús y conozco a Pablo, ¿pero quiénes son ustedes?". Entonces el hombre con el espíritu maligno se lanzó sobre ellos, logró dominarlos y los atacó con tal violencia que ellos huyeron de la casa, desnudos y golpeados» (Hch 19.13-16).

La autoridad que hay en el nombre de Jesús es únicamente para los que somos hijos de Dios. La vergüenza cubrió a estos hombres porque desconocían este principio espiritual. Este evento bíblico fue tan significativo que, tras saberse lo ocurrido, muchos confesaron a Jesús como su Salvador y muchos hechiceros quemaron sus libros de conjuros en hogueras.

Hay poder en el nombre de Cristo, pero ese poder solo puede ser usado por Sus hijos.

TU NOMBRE ES DISTINTO AL MÍO

Como mencionamos al comienzo, hay nombres que tienen autoridad. Pedro tenía el título de pescador, por lo que tenía autoridad en temas concernientes a la pesca. No me extrañaría que otros pescadores más jóvenes le pidieran consejos o que, cuando Pedro pronosticaba si habría una buena pesca o no, se tomara con mucha consideración su opinión.

En una ocasión, el experimentado Pedro tuvo un mal día de pesca. Veamos cómo nos cuenta Lucas esa experiencia:

«Cuando terminó de hablar, dijo a Simón: —Boga mar adentro, y echad vuestras redes para pescar. Respondiendo Simón, le dijo: —Maestro, toda la noche hemos estado trabajando y nada hemos pescado; **pero en tu palabra echaré la red.** Cuando lo hicieron, recogieron tal cantidad de peces que su red se rompía. Entonces hicieron señas a los compañeros que estaban en la otra barca para que acudieran a ayudarlos. Ellos vinieron y llenaron ambas barcas, de tal manera que se hundían. Viendo esto Simón Pedro, cayó de rodillas ante Jesús, diciendo: —Apártate de mí, Señor, porque soy hombre pecador. Por la pesca que habían hecho, el temor se había apoderado de él y de todos los que estaban con él» (Lc 5.4-9, RVR1995, énfasis propio).

En esta historia me saltan a la vista dos elementos que no podemos dejar escapar. El primero de ellos es la declaración que hace Pedro después de haberlo intentado todo sin resultado: «Pero en tu palabra echaré la red». ¡Qué afortunados somos cuando entendemos que, sobre nuestro nombre, sobre nuestras habilidades y experiencias, hay un nombre sobre todos los nombres! El nombre de Pedro era pescador, pero esta vez no se trataría de sus habilidades o de su nombre, sino del nombre de Jesús, y por Su palabra echaría la red.

Yo sé que quizás tú has intentado muchas veces abandonar hábitos que te dañan, pecados que te dominan o ataduras que te atormentan, pero es necesario que entiendas que tu victoria no radicará en lo fuerte que eres, las habilidades que poseas o el título que tengas. La victoria de los hijos de Dios se basa en entender y creer en el poder que hay en el nombre de Jesús por sobre cualquier poder espiritual, tentación o debilidad. Se trata de Su nombre, no del nuestro.

El segundo punto importante es que Pedro hizo esta declaración sin saber cuán grande era el poder de Jesús. Por eso es que cayó de rodillas asombrado y sintiéndose indigno. Tú y yo quizás no entendamos aún el inmenso poder que hay en Jesús, pero, si comenzamos a orar en Su nombre y creyendo en Su poder, veremos grandes proezas que solo Él puede hacer en nosotros.

Durante todos estos capítulos te he invitado a hacer una evaluación de tu vida. Evaluar si estás roto o dañado en alguna manera, evaluar qué áreas, hábitos o personas necesitas entregar a tu Padre celestial. Hoy te presento la autoridad que tiene el nombre de Jesús para lograrlo. Quizás como Pedro, nuestro nombre y el conocimiento adquirido no sean suficientes; necesitamos poder y solo el nombre de Jesús lo tiene.

Oro para que, así como fueron rotas las redes de Pedro cuando él obedeció, tú también experimentes que se rompe toda cadena de opresión que atormenta tu vida cuando al confiar en Su nombre le obedezcas.

EL FINAL

La historia que te conté al comienzo tiene un espléndido desenlace…

Al ver en su mente la imagen de aquello que lo había dominado por tantos años, Luis pensó: «¿Cómo podré escapar ante un deseo tan intenso?». Entonces allí solo en aquel carro, gritó: «**JESÚS, JESÚS, ¡AYÚDAME!**».

Y al instante esa imagen tentadora desapareció. Estacionó su carro llorando mientras reconocía que ya no tendría que luchar contra el alcohol por sus propias fuerzas, como lo había intentado antes sin lograrlo. Ahora, como hijo de Dios, tenía un Cristo poderoso a quien clamar y un nombre que reclamar. Luis es mi amado abuelo. Nunca más en todos sus años tomó una gota de alcohol y todos nosotros servimos al Señor gracias a su legado.

Tienes un Cristo a quien clamar y
un nombre que reclamar

Oración: «Padre, gracias por revelarme el poder que hay en el nombre de tu Hijo. Desde hoy establezco mi fe solo en Jesús. Amén».

Escribe en tus propias palabras lo que quisieras decirle en este momento al Señor:

_____

_____

_____

Piensa en al menos tres decisiones que debas tomar basado en lo que has aprendido hoy:

1. _____

2. _____

3. _____

Una vida mejor

Hacia la
MADUREZ

¿Cuánto más tengo que sufrir para entender
que necesito ser transformado?

El otro protagonista

Capítulo 16

«De modo que si alguno está en Cristo,
nueva criatura es…» (2 Co 5.17, LBLA).

Hace unos días mi esposo y yo estábamos viendo una película que nos llamó mucho la atención porque, desde que comenzó hasta una hora después, pensábamos que había un solo protagonista. Sin embargo, luego de una hora, ese personaje muere y aparece otro; de ahí en adelante ese asume el papel protagónico. Transcurre otro tiempo largo de la película y aparece un tercer protagonista. Ya para ese momento, mi esposo y yo nos comenzamos a reír preguntándonos si, en lugar de una película, estábamos viendo una serie por lo extensa que era y por tantos personajes protagónicos que aparecían y desaparecían.

Nuestro estudio de hoy se basa en una historia bíblica que puede tener un efecto similar al de esa película. Al leer la historia, podemos cometer el error de pensar que hay solo un protagonista. Sin embargo, cuando nos acercamos con atención, descubrimos que hay otro personaje cuya historia es tan impactante que también asume un papel protagónico. El conocer su vida y los principios que aprendió podría cambiar radicalmente muchas de las decisiones que tomaremos de aquí en adelante.

UNA HISTORIA DE DOLOR

· Te invito a leer Génesis 37

Este capítulo de la Biblia nos sumerge en la historia de José, un joven soñador que tuvo que enfrentar grandes desafíos en su vida. A simple vista podría ser nuestro protagonista. Sin embargo, en medio de la historia de José, se levanta otro personaje con una experiencia de vida impresionante: su nombre es Judá.

Permíteme compartir un poco del trasfondo de la historia para luego sumergirnos en la gran historia de Judá.

Jacob tuvo doce hijos. José y Judá, medio hermanos, eran dos de ellos. Jacob tenía una especial predilección por José porque lo había tenido en su vejez. Esta preferencia, junto con algunas actitudes de aparente superioridad de José, provocó que sus hermanos lo envidiaran y no lo quisieran. Tanto era el odio que albergaron en su corazón en contra de José que llegaron a conspirar para matarlo. En medio de este nefasto plan, dos de sus hermanos levantan la voz para evitar semejante tragedia. El primero de ellos fue Rubén, quien sinceramente deseaba salvar a su hermano; luego, Judá, aunque no le interesaba la suerte que corriera José, presentó una idea menos descabellada que agradó a sus hermanos.

«Entonces Judá dijo a sus hermanos: ¿Qué provecho hay en que matemos a nuestro hermano y encubramos su muerte? Venid, y vendámosles a los ismaelitas, y no sea nuestra mano sobre él; porque él es nuestro hermano, nuestra propia carne. Y sus hermanos convinieron con él» (Gn 37.26-27, RVR1960).

Judá, al igual que sus otros hermanos, sabía cuánto amaba su padre a José. Él sabía el terrible dolor que le causaría si le sucediera algo malo. Aun así, el coraje, la envidia y la maldad se entronaron en el corazón de Judá y decidió vender a José como esclavo. Luego de venderlo a unos mercaderes, tomaron la túnica de José, la mancharon con sangre de un cabrito y se la enviaron a su padre para que pensara que un animal lo había asesinado.

¡Imaginen el dolor de este padre anciano al ver la túnica ensangrentada de su hijo!

«Entonces Jacob rasgó sus vestidos, y puso cilicio sobre sus lomos, y guardó luto por su hijo muchos días. Y se levantaron todos sus hijos y todas sus hijas para consolarlo; mas él no quiso recibir consuelo, y dijo: Descenderé enlutado a mi hijo hasta el Seol. Y lo lloró su padre» (Gn 37.34-35, RVR1960).

¡Cuánto dolor trajeron estos hijos a su padre! No hubo en ellos piedad ni compasión por el dolor que le causarían a Jacob. Con todo, podríamos sentirnos tentados a pensar que Judá no era tan despiadado como sus otros hermanos porque al menos evitó su muerte. Sin embargo, la realidad es que, a pesar de ver el desgarrador dolor que le causó a su papá, Judá no se rectificó. Un corazón compasivo jamás hubiese permitido algo así.

LOS ZAPATOS VIEJOS

De niña escuché una anécdota que nunca he olvidado. Un hombre tenía un par de zapatos viejos y los cuidaba tanto que, al compararlos con los zapatos viejos de otras personas de su pueblo, los de él parecían nuevos. Él se sentía orgulloso de lo bien que lucían hasta que, un día, una persona con su mismo par de zapatos, pero nuevos, se colocó a su lado. Al comparar los suyos con los del otro, por primera vez se dio cuenta de que sus zapatos en realidad no lucían tan bien como pensaba.

Esta anécdota nos ilustra claramente el error que cometemos al evaluar nuestra vida a la luz de la conducta de otros, en lugar de tomar como base la Palabra de Dios. Es decir, si nos comparamos con quienes se comportan peor que nosotros, siempre luciremos bien. El que miente puede pensar: «Yo miento, pero el otro roba, por lo que yo no estoy tan mal». El que roba piensa: «Yo robo, pero el otro mata, por lo que no estoy tan mal». El que mata piensa:

«Yo mato, pero otros abusan de niños, por lo que yo no estoy tan mal». Si la forma de evaluar nuestro corazón y conducta es comparándonos con otros, nunca agradaremos a Dios. Ahora bien, si vemos nuestra vida a la luz de la Palabra de Dios, entonces, como le sucedió a este hombre con sus zapatos viejos, veremos que nuestro corazón quizás no luce tan bien como pensábamos y entenderemos que necesitamos cambiar. Si comparamos a Judá con sus hermanos, podría no parecer tan malo, pero la realidad es que su corazón no era recto; él estaba lleno de maldad y necesitaba ser transformado.

UN MOMENTO PARA MÍ

Todos podríamos caer en el error de autojustificarnos por pensar que hay otras personas que hacen peores cosas que nosotros. ¿Qué áreas de tu vida crees que podrían mejorar si, en lugar de compararte con ellos, te compararas con Jesús?

_____

_____

_____

EL PROCESO DE JUDÁ

• Te invito a leer Génesis 38.3-10

Tiempo después de que los hermanos venden a José y le hacen creer a su padre que está muerto, Judá decide mudarse a otra tierra y allí conoce a una mujer cananea con quien se casa y tiene tres hijos: Er, Onán y Sela. Los primeros dos hijos hicieron lo malo delante de Dios, por lo que Jehová les quitó la vida. En ese momento comienza el proceso de nuestro «otro protagonista». Judá empieza a sufrir en carne propia el mismo dolor que le causó a su padre cuando le hizo pensar que su hijo José había muerto. Hasta ese día, Judá no había experimentado el desgarrador sufrimiento de la pérdida, pero, ahora, tras la muerte de su primogénito Er, de su segundo hijo Onán y hasta de su esposa, Judá sufrió el amargo y triste proceso de perder a quienes más amaba. ¡Cuántas pérdidas sufrió Judá!

Tristemente, en la vida podemos llegar a hacer cosas equivocadas sin entender el daño que les podemos causar a otras personas. Pensemos en el adolescente que se burla de un compañero en la escuela sin considerar el daño emocional que puede estar provocando, o en esa persona que se involucra con alguien casado sin pensar en el sufrimiento que va a causar a toda una familia. Son tantas las maneras en las que podemos afectar negativamente la vida de otros sin llegar a comprender el dolor que provocamos. Lamentablemente, recién cuando nos sucede algo como lo que le pasó a Judá, cuando estamos del otro lado y somos nosotros los que recibimos el golpe, llegamos a comprender el dolor que causamos.

¿Nuestras acciones están dañando a otros?

UN MOMENTO PARA MÍ

Sé que muchas veces no consideramos el dolor que nuestras acciones podrían causar. Es necesario que tomes un momento para pensar si hay alguien que ha sufrido por algo que has hecho. Pídele al Espíritu Santo en este momento que hable a tu corazón. A continuación, escribe el nombre de la persona, lo que hiciste y cómo crees que eso la afectó.

_____

_____

_____

No podemos ir por la vida provocando dolor

EL DESENLACE DE JUDÁ

Luego de que Judá perdió a casi toda su familia, decidió volver a la tierra de su padre. Después de un tiempo, llegó una gran escasez que lo obligó a ir junto a sus hermanos a Egipto en busca de alimento. Al llegar a la casa del faraón, los recibió su hermano José, quien para ese momento era una gran autoridad en ese lugar.

El Señor había estado con José durante todos esos años. A pesar de haber sido vendido como esclavo y haber padecido mucho, los planes de Dios para su vida se habían cumplido y ahora gobernaba tal como el mismo Señor se lo había mostrado de niño en sueños.

Cuando José vio a sus hermanos, los reconoció, pero ellos no lo reconocieron. Tras algunos eventos importantes que les invito a leer, José determina que el más pequeño de los hijos de Jacob, Benjamín, debería quedarse como esclavo por haber sido acusado de un robo que no había cometido.

Conociendo la trayectoria de Judá, es posible que pensemos que no haría mucho para salvar a su hermano. Sin embargo, eso no fue lo que sucedió:

«Entonces Judá dio un paso adelante y dijo: —Por favor, mi señor, permita que su siervo le hable tan solo unas palabras [...]. Y ahora, mi señor, no puedo regresar a la casa de mi padre sin el muchacho. La vida de nuestro padre está ligada a la vida del muchacho. Si nuestro padre ve que el muchacho no está con nosotros, morirá [...]. Mi señor, yo le garanticé a mi padre que me haría cargo del muchacho. Le dije que, si no lo llevaba de regreso, yo cargaría con la culpa para siempre. Por favor, mi señor, permita que yo me quede aquí como esclavo en lugar del muchacho, y deje que el muchacho regrese con sus hermanos. Pues, ¿cómo podré regresar y ver a mi padre si el muchacho no está conmigo? ¡No podría soportar ver la angustia que le provocaría a mi padre!» (Gn 44.18, 30-34).

¡Qué impactante! ¿Cómo es que Judá no podría soportar la angustia que la ausencia de su hermano le provocaría a su padre a tal punto que estaba dispuesto a vivir como un esclavo con tal de que soltaran a su hermano? ¡Esperen un momento! ¿Estamos frente al mismo hombre al que años atrás no le importó el dolor que le causaba a su padre? ¿Estamos frente al hombre egoísta que colocó su rabia y envidia por encima del sufrimiento de su padre? La respuesta es ¡NO! No estamos ante el mismo hombre. Sigue siendo el hijo de Jacob, sigue siendo el hermano de José, sigue llamándose Judá, pero estamos ante un hombre diferente, con un corazón cambiado, un hombre maduro que asume responsabilidad y que ha aprendido a amar.

¡Estamos ante un hombre diferente!

«De modo que si alguno está en Cristo, nueva criatura es; las cosas viejas pasaron; he aquí todas son hechas nuevas» (2 Co 5.17, RVR 1960).

Dios es capaz de hacer de cada uno de nosotros una nueva criatura. Hay procesos que Dios utiliza para transformar al ser humano. Ese fue el caso de Judá y puede ser el de cada uno de nosotros. La Biblia enseña que, para los que nos rendimos a Dios, hay una vida nueva.

Judá se transformó en un buen hijo y en un buen hermano; y tú, ¿en qué te convertirás?

UN MOMENTO PARA MÍ

¿Qué área de tu vida sabes que necesita ser transformada por Dios?

_____

_____

_____

Dentro de tu familia, ¿hay algún rol en el que necesitas mejorar? (hijo, padre, hermano, cualquier otro) ¿Qué decisiones crees te podrían llevar a lograrlo?

_____

_____

LA GRAN PREGUNTA

Teniendo claro lo que necesitas cambiar y reconociendo que Dios puede cambiar cualquier corazón, ahora la GRAN PREGUNTA es:

¿Cuánto dolor tienes que causarte a ti mismo
y a las personas que amas para que al fin
rindas tu vida a Dios y seas transformado?

Por favor toma un momento para pensar en esta pregunta.

¡Cuánto dolor hubiese evitado Judá si se hubiese rectificado a tiempo! Sin embargo, tuvo que vivir en carne propia el quebranto y la pérdida para entender la desgarradora tristeza que sus actos causaban en otros y al fin comprender que tenía que ser diferente. No sé cuánto dolor has traído a tu vida o a la vida de otros con las decisiones que has tomado, pero permíteme invitarte a no sufrir más. Es tiempo de rendir cada área de tu vida al Señor y ser transformado.

EL FINAL DE LOS QUE DECIDEN VOLVER

¡La historia de Judá tiene un final extraordinario! A pesar de que no era el primogénito, su padre Jacob le otorgó la bendición más alta antes de morir. No solo eso, sino que el Salvador del mundo, Jesús de Nazaret, no fue descendiente de José el soñador, sino de Judá el TRANSFORMADO. Para todos lo que hemos rendido nuestro corazón a Dios, a pesar del dolor de las consecuencias de nuestro pecado, el fin es la vida. Rinde tu vida al Señor tal como está y permite que Dios haga todo nuevo y cumpla todo Su propósito en ti.

A veces podemos cometer el error de pensar que los protagonistas pueden ser otros y no nosotros. Pensamos que es a los «José» que conocemos a los que les esperan cosas grandes en Dios, pero a nosotros no nos toca ningún rol protagónico. Permite que te recuerde que esta lección se llama «El otro protagonista» porque Dios también tiene una historia contigo. Una historia grande de amor y transformación. ¡Tú eres el otro protagonista!

Oración: «Padre, ayúdame a creer que puedo ser diferente porque tú eres capaz de hacer todo nuevo. Te pido que hagas conmigo como hiciste con Judá y transformes mi corazón. Señor, que llegue a ser la persona que tú quieres que sea. En el nombre de Jesús. Amén».

Escribe en tus propias palabras lo que quisieras decirle en este momento al Señor:

_____

_____

_____

_____

Piensa en al menos tres decisiones que debas tomar basado en lo que has aprendido hoy:

Posible decisión: Provocaré alegría en quienes me rodean en lugar de dolor.

1. _____

2. _____

3. _____

¡El grito del Padre cuando te diriges al peligro no es producto de un Dios castigador, sino de un Dios de amor!

Un padre que disciplina

Capítulo 17

*«Ciertamente, **ninguna disciplina, en el momento de recibirla**, parece agradable, sino más bien penosa; sin embargo, después produce una cosecha de justicia y paz para quienes han sido **entrenados por ella**»*
(Heb 12.11, NVI, énfasis propio).

Cuando pensamos en amor, rara vez pensamos en reglas, límites, disciplina o castigo. La verdad es que casi siempre tendemos a asociar el amor con que nos consientan, abracen, halaguen o hagan regalos. Por otro lado, todo lo que tiene que ver con disciplina o castigo lo percibimos como lo opuesto al amor. De hecho, si cuando eras pequeño uno de tus padres era fácil de manipular y el otro era firme, quizás hayas pensado equivocadamente que el fácil de manipular era bueno, mientras que el firme era malo. Sin embargo, cuando crecemos y maduramos, descubrimos que las reglas, los límites, la disciplina y el castigo correcto son grandes demostraciones de amor.

LA MAMÁ MÁS MALA DEL MUNDO

Hay un poema muy curioso que se titula *Yo tuve la mamá más mala del mundo* y fue escrito por Paul H. Dunn. Les comparto un fragmento:

Yo tuve la mamá más mala del mundo.
Mi madre siempre insistía en saber dónde
estábamos, parecíamos encarcelados.
Tenía que saber quiénes eran nuestros amigos
y lo que estábamos haciendo...
Me da vergüenza admitirlo, pero tuvo el descaro de
romper la ley contra el trabajo de niños menores:
hizo que laváramos trastes, tendiéramos camas, aprendiéramos
a cocinar y muchas cosas igualmente crueles.
Creo que se quedaba despierta en la noche pensando en
las cosas que podría obligarnos a hacer; siempre insistía
en que dijéramos la verdad y nada más que la verdad.
Para cuando llegamos a la adolescencia,
nos avergonzaba hasta el extremo,
obligando a nuestros amigos a llegar a la
puerta para preguntar por nosotros.
Mi madre fue un completo fracaso; ninguno de nosotros
ha sido arrestado, todos mis hermanos han hecho
labor social y también han servido a su patria.
Y... ¿a quién debemos culpar de nuestro terrible futuro?
Tienen razón, a nuestra mala madre...
Nunca hemos podido participar en una manifestación con actos
violentos y miles de cosas más que hicieron nuestros amigos.
Ello nos hizo convertirnos en adultos educados y honestos.
Usando esto como marco, estoy tratando de
educar a mis hijos de la misma manera;
me siento orgulloso cuando me dicen que soy malo.
Y, verán...
Doy gracias a Dios por haberme dado,
¡La mamá más mala del mundo!

Si tuviste la misma reacción que yo al leer este poema, seguramente te reíste. La realidad es que no reaccionamos bien ante la disciplina. Como dice la Biblia: «Al presente ninguna disciplina parece ser causa de gozo, sino de tristeza; sin embargo, a los que han sido ejercitados por medio de ella, les da después fruto apacible de justicia» (Heb 12.11, LBLA).

Sin duda alguna, la disciplina, las reglas y los límites nos forman. Dios, como Padre, disciplina a Sus hijos. Hay personas que, al escuchar esto, de inmediato tienden a pensar que un Dios que disciplina no ama, porque en su vida se ha deformado el concepto de la disciplina. Como hemos visto en capítulos anteriores, nuestras experiencias dolorosas pueden distorsionar nuestra forma de ver la vida. Si tuviste un padre o una madre violentos que te golpeaban o sometían a castigos extremos, quizás pienses que de eso se trata el castigo de Dios. De hecho, hay quienes llegan a pensar equivocadamente que, cuando pasan cosas malas en su vida, eso es «castigo de Dios».

Creo que la mejor manera de explicar la disciplina de Dios es mediante una ilustración.

EL NIÑO Y EL BALÓN

Es una mañana hermosa de primavera y estás sentado en tu balcón mientras tu hijo de seis años juega en el césped con un balón. De repente, el balón se le escapa y se va a la calle. El niño sabe que existe una regla: «No puedes ir a la calle»; se lo has dicho muchas veces y él lo tiene muy presente en su mente. Sin embargo, el niño está tan enfocado en lo que quiere que decide infringir la regla y correr tras su balón. Cuando te percatas, el niño está en el mismo medio de la carretera, pero eso no es todo: ¡ves un carro corriendo a toda velocidad en dirección a tu hijo! ¿Qué haces?

¿Le hablas calmada y sutilmente para que regrese o le gritas con todas tus fuerzas para llamar su atención? Seguramente, no dudarás en decirme que elegirías la segunda opción. Creo que la gran mayoría de nosotros, después de volver a respirar por el gran susto, le diría muy firmemente al niño que jamás vuelva a hacer lo que hizo y que lo castigaremos porque sabemos que, si no lo hacemos, mañana podría correr nuevamente a la calle.

¿Por qué reaccionaríamos así? ¿Porque somos malas personas? ¿Porque tenemos mal carácter? ¿Porque es lo que se merece? ¡NO! Reaccionaríamos firmemente y con disciplina porque amamos a nuestro hijo y no queremos que le pase nada malo. La disciplina hacia él no es otra cosa que una manifestación de nuestro cuidado. Lo diré de esta manera: prefiero el dolor pasajero y con medida ahora a que me lo maten después. Del mismo modo se manifiesta el amor del Padre celestial.

Él nos ha dado reglas claras en Su Palabra, y todas y cada una de ellas tienen el propósito de protegerte. Te invito a que analices algunos de esos mandamientos y que te preguntes si es que no son para tu bien. Por ejemplo, Dios dice claramente: «No robarás». Si desobedecemos, estamos lastimando a otros, podemos caer presos y las personas no confiarán en nosotros. ¿Es este mandamiento bueno para ti? ¡Por supuesto! ¿Te protege? ¡Por supuesto!

UN MOMENTO PARA MÍ

Te invito a leer los Diez Mandamientos y a reflexionar en por qué son buenos para ti. Escribe cuáles serían las consecuencias negativas si los desobedeces.

_____

_____

_____

_____

Nosotros, al igual que el niño de la ilustración, muchas veces estamos tan enfocados en lo que queremos que infringimos todas las reglas con tal de satisfacer nuestros deseos. Con nuestras malas decisiones vamos camino a un abismo que nos va a destruir.

Permíteme preguntarte: ¿Qué se supone que haga Dios al verte en tal situación? ¡Dios va a llamar tu atención! No será con una palabra débil y sutil que puedas obviar con facilidad, sino que será como un grito para rescatarte del peligro.

Como lo dije anteriormente, es preferible que Dios permita que sufras ahora para mantenerte a salvo en lugar de que te deje pasar la ofensa y termines muerto por tus malas decisiones. Esto puede reflejarse de muchas maneras en nuestra vida. Quizás Dios permita que caigas preso para que no te maten. Quizás permita que alguien descubra tu pecado para que no te alejes completamente de Él. A veces Dios permitirá cosas porque ya nos dijo sutilmente muchas veces que no, pero no quisimos escuchar. Entonces, tiene que permitir que atravesemos por situaciones dolorosas y suframos las consecuencias de nuestras acciones, para que no continuemos una vida de pecado que nos llevará irremediablemente al dolor y la destrucción.

¡La disciplina de Dios es un grito de amor!

¿CÓMO DISCIPLINA DIOS?

«Reconoce en tu corazón que, **así como un padre disciplina a su hijo**, también el Señor tu Dios te disciplina a ti. Cumple los mandamientos del Señor tu Dios; témelo y sigue sus caminos. Porque el Señor tu Dios te conduce a una tierra buena: tierra de arroyos y de fuentes de agua, con manantiales que fluyen en los valles y en las colinas; tierra de trigo y de cebada; de viñas, higueras y granados; de miel y de olivares; tierra donde no escaseará el pan y donde nada te faltará; tierra donde las rocas son de hierro y de cuyas colinas sacarás cobre» (Dt 8.5-9, NVI, énfasis propio).

¿Cómo disciplina el Señor? Como un papá que realmente te ama. Estos versículos describen un hermoso paraíso hacia donde Dios nos quiere conducir. Su Palabra es clara; Dios nos disciplina cuando nos estamos dirigiendo al camino equivocado, porque Su deseo y propósito es que con nuestras decisiones nos dirijamos a los planes hermosos que Él tiene para nosotros.

«Porque yo sé muy bien los planes que tengo para ustedes —afirma el Señor—, planes de bienestar y no de calamidad, a fin de darles un futuro y una esperanza» (Jer 29.11, NVI).

¿Por qué huir de un Dios bueno y alejarnos de un camino glorioso? Eso no tiene sentido. Si Dios quiere lo mejor para nosotros, ¿por qué ser testarudos y aferrarnos, como el niño de la ilustración, a lo que Dios claramente ha dicho que no toquemos?

El camino de Dios es empinado y angosto porque conlleva esfuerzo el vivir renunciando a nuestros deseos si van en contra de lo que Dios ha establecido. Sin embargo, como sabemos, mientras más empinado es el camino, más arriba llegarás.

Hijo, obedece a tu Padre:
Él quiere lo mejor para ti.

DIOS NO TE DESCARTA, POR ESO TE DISCIPLINA

Es más fácil dejar pasar la falta que disciplinar, porque la disciplina requiere tiempo y esfuerzo.

Cuando Dios dedica tiempo para corregirme está mostrando Su amor. Los seres humanos nos rendimos con facilidad con las personas que nos fallan. Esto lo vemos en todos los ámbitos de la vida. Por ejemplo, si un empleado no funciona, se lo reemplaza con otro; si el matrimonio no va bien, se disuelve y se busca una nueva pareja. El creer en alguien que ha fallado una y otra vez y dedicarle tiempo y esfuerzo para que se convierta en quien puede llegar a ser es la mayor demostración de que esa persona realmente te ama.

Dios, como Padre, nos demuestra con Su disciplina que no está dispuesto a reemplazarnos. Él podría rendirse y hasta pensar: «Cuántas veces he ido tras él y sigue empeñado en correr tras su balón. Siempre cae en lo mismo; no tiene remedio». Sin embargo, esa no es Su actitud. Su actitud es la de un Padre que dice: «Voy a corregirlo porque, aunque me tome mucho tiempo, mi hijo lo va a lograr».

«Quienes no emplean la vara de disciplina odian a sus hijos.
Los que en verdad aman a sus hijos
se preocupan lo suficiente para disciplinarlos»
(Pr 13.24).

Quizás has hecho cosas que Dios claramente ha señalado como pecado. Como consecuencia de eso, has perdido algo que realmente querías, has quedado fuera de algún ministerio, has terminado una relación importante en tu vida, entre tantas otras cosas que podemos sufrir y perder cuando hacemos lo incorrecto.

En lugar de cuestionarle a Dios por qué permitió esa pérdida o ese sufrimiento, o en lugar de pelear con Él, démosle gracias y confiemos en que, así como hizo con Judá, Él puede usar ese proceso de disciplina para enseñarnos y transformarnos. El que Dios nos permita experimentar las consecuencias de nuestros actos no significa que Él ya no esté con nosotros o que nos haya desechado. Al contrario, Él siempre ha estado comprometido contigo y siempre lo estará porque así lo ha prometido y nuestro Dios no cambia.

El que realmente ama brinda el espacio para la madurez

UN MOMENTO PARA MÍ

¿Piensas que estás atravesando o has atravesado por algo como consecuencia de tu desobediencia? Escríbelo a continuación. ¿Sinceramente, culpaste a Dios o le preguntaste por qué lo permitió? ¿Dudaste de Su amor o Su bondad?

_____

_____

_____

SU CORAZÓN

- Te invito a leer Oseas 11

En el libro del profeta Oseas, Dios habla claramente del rechazo de Su pueblo hacia Él. Su pueblo no lo quería, insistía en desobedecerle e irse detrás de dioses falsos. La respuesta de Dios siempre me ha conmovido:

«… ¡Me duele el corazón por ti y no puedo contener todo el amor que te tengo! ¡Me duele tanto tener que castigarte!» (Os 11.8, NBV).

Nunca es fácil disciplinar a un hijo porque uno también sufre con él. Dios no es un ser maltratador y no busca causar sufrimiento. Dios es un Padre de amor que permite que vivamos las consecuencias de nuestros actos con el fin de que maduremos y comencemos a vivir de manera correcta. Apreciemos el amor inmerecido de nuestro Papá celestial. Date la oportunidad de que Su sabiduría te dirija y proteja. Y recuerda que, si te enfrentas a Su grito de disciplina, se trata de un grito de amor.

UN MOMENTO PARA MÍ

¿Cómo te hace sentir el descubrir el corazón de Dios en Oseas 11.8? ¿Qué dice esto de tu Padre celestial?

_____

_____

_____

_____

_____

_____

Oración: «Padre, honestamente, quizás hasta hoy no había entendido que permitir mi sufrimiento era parte de tu amor. Señor, te agradezco los momentos amargos que me has permitido vivir para convertirme en la persona que te agrada a ti. Amén».

Escribe en tus propias palabras lo que quisieras decirle en este momento al Señor:

_____

_____

_____

_____

Piensa en al menos tres decisiones que debas tomar basado en lo que has aprendido hoy:

1. _____

2. _____

3. _____

Dios ve mucho más allá de lo que nosotros podemos ver.

¿Quién sigue a quién?

Capítulo 18

«… Me guía por sendas de justicia,
por amor a su nombre»
(Sal 23.3, NVI).

Recuerdo tener nueve años y estar con mi mamá en una casa de campo que utilizábamos para retiros espirituales en el pueblo de Camuy, Puerto Rico. Era una tarde preciosa cuando sentí que Dios hablaba a mi corazón diciendo: «Christy, ¿qué ves?». Estaba jugando y de inmediato me detuve para mirar con atención y poder contestar esa pregunta. Mientras observaba lo que había a mi alrededor, comencé a disfrutar del campo; el viento soplaba suavemente mientras yo contemplaba un hermoso llano con grama muy verde. Fui mencionando cada cosa que veía mientras continuaba teniendo la impresión de que Dios me decía: «¿Qué más ves?». Al finalizar la lista de todo lo que observaba, sentí otra vez la voz de Dios que me dijo: «Muy bien, ahora sube a la parte de arriba de la casa». Un poco extrañada, obedecí.

Una vez arriba, me situé en el balcón y miré hacia abajo, en dirección al lugar donde estaba antes. Entonces, sentí que Dios me habló nuevamente y me dijo: «Christy, ¿qué ves?». Yo solo era una niña y pensé que era algo repetitivo; sin embargo, sentí esa insistencia dulce de Dios para que volviera a mirar.

Comencé a notar cosas que desde abajo no se veían, como un gran árbol a lo lejos tirado en el suelo. Era impactante ver aquellas grandes raíces arrancadas de la tierra. «Habrá sido un huracán», pensé, y continué mencionando muchas otras cosas que desde abajo no veía. Entonces, sentí Su voz decir en mi corazón: «Christy, así como cuando estabas abajo solo veías una parte y desde arriba ves mucho más, así es mi visión mucho más amplia en comparación a la tuya». Enseguida lo entendí: **Dios ve mucho más que yo, por lo que tendría que recurrir a Él en cada momento de mi vida en busca de Su dirección.**

SIN CONTAR CON SU DIRECCIÓN

En la Biblia nos encontramos con la historia de un hombre llamado Abram y su sobrino Lot. Ambos eran hombres prósperos y tenían mucho ganado. Debido a los muchos animales que tenían y a lo cerca que vivían, comenzaron a surgir disputas entre los empleados de ambos hombres que cuidaban a los animales, por lo que Abram le ofreció a su sobrino que, de toda la tierra que estaba delante de ellos, escogiera dónde quería vivir. Abram le prometió que se iría al lado opuesto para que pudiese disfrutar de la tierra sin problemas.

¡Era una buena oportunidad! Imagina que un familiar te ofrezca un terreno enorme en el lugar que quieras. Todo pintaba bien para Lot; parecía una bendición y ciertamente lo era. Sin embargo, Lot estaba ante una decisión importante; tenía que escoger de toda la tierra cuál sería la apropiada para vivir. Veamos lo que hizo:

> «Lot miró con detenimiento las fértiles llanuras del valle del Jordán en dirección a Zoar. Toda esa región tenía abundancia de agua, como el jardín del Señor o la hermosa tierra de Egipto. (Esto ocurrió antes de que el Señor destruyera Sodoma y Gomorra). Lot escogió para sí todo el valle del Jordán, que estaba situado al oriente. Se separó de su tío Abram y se mudó allí con sus rebaños y sus siervos. Entonces Abram se estableció en la tierra de Canaán, y Lot movió sus carpas a un lugar cerca de Sodoma y se estableció entre las ciudades de la llanura. Pero los habitantes de esa región eran sumamente perversos y no dejaban de pecar contra el Señor» (Gn 13.10-13).

Observa bien: Lot vio un lugar hermoso donde realmente había perversión y depravación. Dice la Palabra que Lot «miró con detenimiento»; esto me parece importante. Lot no erró por tomar una decisión a la ligera; él consideró cuidadosamente lo que tenía ante sus ojos. Su equivocación radicó en no buscar la dirección de Dios. Hay quienes, tras darse cuenta de que tomaron una decisión equivocada, piensan: «Yo consideré muy bien las cosas» o «Todo se veía tan bien». Sin embargo, más allá de toda evaluación humana o personal, ¿buscamos la dirección de Dios? ¿Le pedimos al Dios que mira desde arriba que nos guiara en esa decisión?

Lot se enfocó en las fértiles llanuras, en la abundancia del agua, en lo hermoso de la tierra. Esto se parece mucho a lo que hizo Eva cuando vio el fruto que la destruiría como algo hermoso y codiciable.

> Nosotros somos fáciles de impresionar y engañar, pero Dios ve siempre la verdad.

Esta experiencia de ver algo de una manera tan distinta a la mirada de Dios no es algo aislado; de hecho, puede ser muy común en nuestras vidas. Puede pasar que veamos un negocio como una gran oportunidad, mientras que Dios lo vea como algo destructivo para nosotros. También podría suceder lo mismo en nuestra percepción de las relaciones de pareja. Podemos encontrar atractiva a una persona que Dios ve como inadecuada. Hasta sucede en la elección de nuestros entretenimientos: podemos ver como divertido o inofensivo algo que Dios ve dañino. Al igual que Lot y aun siendo hijos de Dios, podríamos cometer el error de tomar decisiones basados en nuestra visión limitada y, al final, podríamos salir muy lastimados.

LA HISTORIA CONTINÚA

Lot, su familia, sus siervos y todo su ganado se establecieron en aquel lugar y no pasó mucho tiempo antes de que comenzara el dolor para Lot. Invasores saquearon la región de Sodoma y Gomorra. Capturaron a Lot y se llevaron todas sus pertenencias. ¡Imaginen la experiencia! Ser capturado por un ejército enemigo. Finalmente, Lot fue rescatado por Abram junto con todas sus posesiones, pero no quiero ni imaginar el trauma que debió haber causado esta experiencia. Pasado el tiempo, Dios envió a dos ángeles a casa de Lot y estando allí algo terrible sucedió.

«Pero antes de que se fueran a dormir, todos los hombres de Sodoma, tanto jóvenes como mayores, llegaron de todas partes de la ciudad y rodearon la casa. Y le gritaron a Lot: —¿Dónde están los hombres que llegaron para pasar la noche contigo? ¡Haz que salgan para que podamos tener sexo con ellos!» (Gn 19.4-5).

Imagino la escena y me asombro al pensar en el nivel de perversidad que había en el corazón de todos los hombres de esta ciudad. ¡Lot realmente había escogido un lugar lleno de depravación para vivir! Esa noche, los ángeles dejaron ciegos a todos aquellos hombres malvados desde el menor hasta el mayor. Al día siguiente, Dios destruyó Sodoma y Gomorra. Aquel día, Lot perdió a su esposa, sus posesiones y a toda su familia con excepción de sus dos hijas porque, aunque Dios les dio la oportunidad para salvarse, no lo hicieron. Sin embargo, a Lot le esperaba todavía más dolor. Tiempo después, sus dos hijas lo emborracharon, tuvieron relaciones sexuales con él y quedaron embarazadas de su propio padre. De esa relación incestuosa, nacieron las naciones de los moabitas y los amonitas, enemigos del pueblo de Dios.

¿No te parece increíble? Todo esto sucedió por ver como bueno un lugar que realmente era muy malo. ¡Cuántas personas han destruido sus vidas por escoger algo que, a pesar de ser malo, lo vieron y evaluaron como bueno! Si tomamos decisiones basadas en nuestra visión y no en la de Dios, entramos en un terreno muy peligroso para nosotros mismos.

UN MOMENTO PARA MÍ

Todos podemos cometer el error de tomar decisiones basados en nuestro conocimiento o percepción. ¿Puedes identificar algún momento en el que tomaste una decisión equivocada por no haber contado con la dirección de Dios? ¿Cuáles fueron las consecuencias?

_____

_____

_____

_____

UN PLAN INFERIOR Y UN PLAN SUPERIOR

Pensemos en esto: si lo bueno de un plan se basa en la VISIÓN que tiene la persona que lo ejecuta, ¿cuál plan será mejor? ¿El mío, que veo desde abajo, con una visión finita y limitada, o el plan de Dios, que mira desde arriba con un panorama completo e ilimitado?

«Pues así como los cielos están más altos que la tierra, así mis caminos están más altos que sus caminos y mis pensamientos, más altos que sus pensamientos» (Is 55.9).

No siempre entenderemos los planes de Dios, pero tenemos que reconocer que Su plan siempre será mejor que el nuestro. Si buscamos Su voluntad y le obedecemos en cada área de nuestra vida, estaremos a salvo y tendremos éxito. Hay quienes cometen el error de pensar que Dios no tiene por qué inmiscuirse en la elección de su pareja o de sus estudios o trabajo. Si el plano de Dios es superior y Él ve lo que yo no veo, ¿cómo me voy a negar la oportunidad de que dirija cada área de mi vida?

«Sigan el camino que el Señor su Dios les ha señalado, para que les vaya bien...» (Dt 5.33, DHH).

Nos conviene ser dirigidos por Dios

ME GUIARÁ POR SENDAS DE JUSTICIA

La Palabra de Dios en el Salmo 23.3 nos revela a un pastor que no solo cuida y protege a sus ovejas, sino que también las guía. Cuando piensas en una oveja y su pastor, ¿quién imaginas que va delante? Es muy posible que veas al pastor delante porque, ¿cómo guiará un pastor a su ovejita si él va detrás? Dios claramente ha establecido que es Él quien va delante de nosotros y no es al revés. Muchas veces, tomamos decisiones por nuestra cuenta y luego oramos para que Dios bendiga la decisión que ya nosotros tomamos. Por ejemplo, oramos «Señor, bendice mi relación de pareja», como si el pastor siguiera a la oveja, bendiciendo los caminos que esta elige. Sin embargo, ¿alguna vez le preguntaste a Dios si esa persona era la adecuada para ti? **Que el pastor vaya delante significa que Él no está detrás de tus decisiones para bendecirlas, sino delante de ti para guiarte y, por lo tanto, si lo obedeces, serás bendecido.**

«El Señor mismo irá delante de ti, y estará contigo; no te abandonará ni te desamparará; por lo tanto, no tengas miedo ni te acobardes» (Dt 31.8, DHH).

¡Sería muy triste que viéramos la dirección de Dios como una carga difícil de obedecer, cuando en realidad es un gran privilegio! Pensemos con detenimiento: no hay duda de que es más fácil tomar cada decisión de nuestra vida siendo dirigidos por un Dios que, a diferencia de nosotros, todo lo ve, todo lo conoce y todo lo entiende. Entonces, la obediencia se vuelve la decisión más inteligente que un ser humano puede tomar.

UN MOMENTO PARA MÍ

Creo que todos podemos caer en el error de pensar que Dios está en nuestra vida para contestar nuestras peticiones, en lugar de entender que somos nosotros quienes debemos vivir para cumplir Su voluntad. Honestamente, ¿crees que estás viviendo para cumplir los planes de

Dios o que tu oración siempre se dirige a que Él cumpla los tuyos? Para evaluar esta pregunta, te invito a examinar las conversaciones que has tenido con Dios últimamente, ¿se han basado en presentarle tus peticiones o han ido dirigidas a cumplir Su voluntad?

_____

_____

_____

Lot sufrió las consecuencias de no buscar la dirección de Dios; nosotros no tenemos por qué sufrirlas también al evitar o no considerar buscar la voluntad de Dios en nuestras vidas. Es tiempo de obedecer a Dios. Es tiempo de tomar nuestro lugar atrás como seguidores y no delante como guías. Es tiempo de madurar.

UN SALTO A LA MADUREZ

«De cierto, de cierto te digo: Cuando eras más joven, te vestías e ibas donde querías; pero te aseguro que cuando ya seas viejo, extenderás los brazos y otra persona te vestirá, y te llevará a donde no quieras» (Jn 21.18, RVC).

¡Este versículo encierra una realidad espiritual muy valiosa! Así como cuando somos jóvenes somos independientes, pero cuando llegamos a la ancianidad dependemos tanto de otros, aun hasta para nuestras necesidades más básicas, de la misma forma, mientras vamos madurando y creciendo en el Señor, nos vamos haciendo cada día más dependientes de Su guía. En lugar de aferrarnos a nuestros planes vamos rindiéndonos a los Suyos («otra persona te vestirá»). Entonces, comenzamos a vivir a la manera de Dios y decimos: «Ponme la ropa que tú quieras; ya no escogeré yo, sino que permitiré que seas tú quien elija por mí» («te llevará a donde no quieras»).

> Renunciar a nuestro derecho de elegir porque
> reconocemos que hay Alguien que elegirá mejor
> que nosotros es uno de los mayores actos de
> madurez que un ser humano puede mostrar.

Me siento bendecida por saber que ese Dios que a mis nueve años me enseñó que ve lo que yo no veo está tan comprometido conmigo. Comprometido en ir delante de mí para guiar mis pasos y llevarme a pastos verdes donde poder descansar y estar segura. Tenemos un Pastor que está dispuesto por Su misericordia y amor a guiarnos en cada área de nuestra vida. ¿Cómo renunciaremos a tan grande privilegio?

Oración: «Padre, quiero dejarme dirigir por ti. Enséñame a buscar tu voluntad para que cada paso que dé esté guiado por ti. En el nombre de Jesús. Amén».

Escribe en tus propias palabras lo que quisieras decirle en este momento al Señor:

_____

_____

_____

Piensa en al menos tres decisiones que debas tomar basado en lo que has aprendido hoy:

1. _____

2. _____

3. _____

Puedo tener buenas ideas,
pero ¿será la idea de Dios?

¿Cuál camino tomar?
Capítulo 19

«Busca su voluntad en todo lo que hagas,
y él te mostrará cuál camino tomar»
(Pr 3.6)

En la lección anterior entendimos que debemos dejarnos dirigir por Dios. Hoy descubriremos cómo buscar Su dirección para nuestra vida.

En una ocasión entrevisté al famoso productor cinematográfico Alex Kendrick. En medio de la entrevista mencionó una frase que me impactó muchísimo: «He aprendido a entender que hay una diferencia entre una buena idea y la idea de Dios». Luego me contó entre risas sobre algunos de los guiones que había escrito, entre ellos, uno de un ninja superhéroe; este nunca había llegado a película porque, aunque para él era una estupenda idea, había entendido que no era la idea de Dios.

¿Lo habías pensado así? Nosotros podemos tener excelentes planes, metas con buenas intenciones, pero ¿es esa la idea de Dios? ¿Es ese el plan de Dios para nosotros?

MUCHOS CAMINOS

A lo largo de nuestra vida hemos tomado y tendremos que seguir tomando muchas decisiones. Desde decisiones grandes, como qué estudiar, con quién casarme, si aceptar o no una propuesta de trabajo, si comprar o no una propiedad, hasta decisiones diarias que parecen pequeñas (aunque en realidad no lo son), como lo que elegiré para comer, si me ejercitaré, cuánto descansaré, entre muchas otras elecciones. La realidad es que nuestra vida está llena de momentos en los que debemos tomar decisiones y cada decisión nos conduce a un destino.

Imagina que estás detenido en un lugar y de pronto frente a ti se abren muchos caminos. Cada camino te llevará a un sitio diferente. Algunos de ellos parecerán buenos, pero en realidad son como laberintos de los que después no sabrás cómo salir. Tal vez ya has sentido que has transitado por alguno así, quizás al entrar en una relación sentimental de la que después no sabes cómo salir. Otros caminos podrían parecer como un caracol interminable: caminas sin cesar, pero siempre pareciera que te quedas en el mismo lugar sin avanzar. Es posible que lo sientas a nivel laboral o ministerial, ámbitos en los que podemos encontrarnos en un estancamiento sin salida que nos hace infelices. Hay otros caminos que te llevarán a lugares peligrosos, como cuando escogemos compañías inadecuadas que nos influencian a tomar decisiones dañinas. Sin embargo, hay otros caminos que te conducirán a pastos verdes donde hay mucha vida porque son los que Dios planificó para ti. El gran problema es que de primera intención muchas de las alternativas que se nos presentan en la vida lucen muy bien; lamentablemente, al no ver el fin de cada una de ellas, podemos errar en nuestra elección. Necesitamos que Aquel que ve el final de cada camino nos dirija por el correcto. El salmista oró:

«Señor, muéstrame tus caminos; guíame por tus senderos;
guíame, encamíname en tu verdad, pues tú eres mi Dios y Salvador.
¡En ti confío a todas horas!» (Sal 25.4-5, DHH).

«Muéstrame tus caminos», es decir, déjame ver como tú ves. Ciertamente nuestros ojos nos pueden engañar. Como Lot, a veces vemos bueno lo que en realidad no lo es; por eso el salmista le pedía a Dios que le dejara ver lo que Él veía.

Tendría unos diecinueve años cuando entré con unas amigas a la biblioteca de la universidad. Mientras estábamos allí, una de mis compañeras comentó lo atractivo que era cierto muchacho. Todas comenzamos a reír mientras lo observábamos. De repente, siento la voz de Dios dentro de mí que me dice: «Christy, ¿quieres ver cómo realmente es él?». Aquella pregunta me sorprendió y, al momento, frente a mí, el rostro de ese muchacho se deformó por completo. Lo que veía no era bonito; al contrario, era una imagen grotesca y desagradable. Entonces sentí la voz de Dios nuevamente en mi interior y me decía: «Ese es él». No les puedo describir lo impactada que quedé con esa visión desde la perspectiva de Dios. Muchas veces, nosotros solo vemos lo que está delante de nuestros ojos, pero Dios conoce el corazón y las intenciones de cada ser humano. Es necesario que le pidamos seriamente al Señor, como el salmista, que nos revele cómo Él ve las cosas.

Pidámosle a Dios que nos muestre lo que Él está viendo

¿De qué nos serviría que Dios nos mostrara lo que Él ve, si de todos modos tomaremos el camino equivocado? La realidad es que muchas veces escogemos mal, aun sabiendo que está mal. Por eso me parece tan importante el resto de la oración del salmista:

«Guíame, encamíname en tu verdad...» (Sal 25.5, DHH).

Por definición, *guiar* es 'ir delante de alguien para indicarle el camino que debe seguir'. En el capítulo anterior hablamos de cómo el pastor va delante de nosotros guiándonos, y no nosotros delante de Él decidiendo por nuestra cuenta el camino, mientras le pedimos que bendiga nuestras decisiones. Ahora bien, para poder seguir al pastor, es necesario tener una actitud de humildad y dependencia.

¡Qué difícil se nos hace admitir que necesitamos ayuda y dirección! Escucho a personas decir con frecuencia: «Yo sé» y pocas veces las escucho decir: «Enséñame». El buscar la dirección de Dios comienza con una actitud de humildad y disposición a aprender. ¿Cuántas personas habrán querido ayudarnos y enseñarnos en múltiples ocasiones, pero en lugar de darnos la oportunidad de escuchar, hemos levantado una pared y no hemos escuchado?

A veces, la dirección de Dios es revelada a través de personas cercanas. Pensemos en esto: tú y yo oramos para que Dios nos dirija en algo que necesitamos resolver; de repente, uno de nuestros padres o una persona llena de sabiduría nos da una opinión y nosotros simplemente la ignoramos. ¿Cómo pensamos que Dios nos dirigirá con una actitud así? Con el mayor de los respetos te pregunto: ¿Qué es lo que estamos esperando? ¿Que un ángel se nos aparezca? La realidad es que Dios usa personas para hablarnos. Pero a veces somos testarudos y no escuchamos. ¿Has conocido personas que se han ido de sus congregaciones por un mensaje del pastor que les disgustó? Dios quería hablarles a través del mensaje y ellos, en lugar de recibirlo y meditarlo, pensaron que el pastor conocía su situación y que lo que estaba diciendo era por ellos, así que se incomodaron y se fueron. Pedimos a Dios dirección, pero después nos molestamos por haberla recibido. ¿Quién nos entiende?

Hay personas que dicen: «Es que a mí no me gusta hablar de mis cosas» o «Yo soy una persona muy reservada». Mis amados lectores, creo que a casi nadie le gusta hablar de sus asuntos personales, pero la Palabra de Dios dice que en la multitud de consejeros hay sabiduría. Esto no implica contarle nuestras situaciones a cualquiera, sino escoger personas sabias que nos ayuden en el camino y aprender a escuchar cuando alguien nos señala algo. El problema es que muchas veces estamos llenos de orgullo. El orgullo nos hace pensar que todo lo sabemos, que no necesitamos dirección. Nos da un sentido de independencia que es verdaderamente peligroso porque pocas veces podremos lograr solos lo que lograríamos con un buen equipo.

El orgullo nos estanca,
la humildad nos lleva a crecer

El salmista tenía una actitud correcta, por lo que no solo oraba pidiéndole dirección a Dios, sino que realmente estaba abierto a recibirla.

UN MOMENTO PARA MÍ

Creo que todos en algún momento hemos mostrado resistencia a recibir la instrucción o el consejo de alguien. Sinceramente, ¿te has encontrado a ti mismo orando para que Dios te dirija, pero cuando han venido personas sabias a aconsejarte has renunciado a Su dirección? ¿Cuáles han sido las consecuencias de no haber escuchado el consejo?

_____

_____

_____

¿CÓMO SÉ SI ES LA VOLUNTAD DE DIOS?

Creo que esta es una de las preguntas más frecuentes que he escuchado. ¿Cómo sé si es la voluntad de Dios? La verdad es que Dios ha plasmado Su voluntad claramente en las Escrituras.

> «Tu palabra es una lámpara que guía mis pies
> y una luz para mi camino» (Sal 119.105).

Todo lo que hacemos y cualquier decisión que vayamos a tomar tiene que pasar por el filtro de la Palabra de Dios.

Dios nos ha dado una lámpara para alumbrarnos cuando el camino se vea oscuro. Hay situaciones en nuestra vida que presentan una gran oscuridad para nosotros. De repente, te quedaste sin trabajo y no sabes qué hacer; eres muy joven y has quedado embarazada sin quererlo; tienes conflictos en tu familia y no sabes cómo manejarlos. Es indudable que hay momentos en nuestra vida en los que no tenemos claridad. Dios te ha provisto de una Gran Lámpara que te ilumina en medio de esos momentos. Ve a Su Palabra y ella te dirá qué hacer.

Por ejemplo, esa chica embarazada puede estar pensando: «No sé si abortar». La lumbrera, que es la Palabra de Dios, le dice: «No matarás» (Éx 20.13, RVR1960).

A la persona que ha quedado sin trabajo le ofrecen un negocio lucrativo, pero hay elementos oscuros en el asunto. Entonces, se pregunta: «¿Debo entrar en este negocio?». La lumbrera dice: «Es mejor tener poco con justicia, que ser rico y deshonesto» (Pr 16.8).

Una chica enamorada podría pensar: «No sé si comenzar una relación con ese chico que aún no tiene una relación con Dios». La lumbrera dice: «No os unáis en yugo desigual con los incrédulos, porque ¿qué compañerismo tiene la justicia con la injusticia? ¿Y qué comunión, la luz con las tinieblas? ¿Qué armonía puede haber entre Cristo y Belial? ¿O qué parte el creyente con el incrédulo?» (2 Co 6.14-15, RVR1995).

¿Ves? No es difícil; Dios nos dice con claridad qué hacer. Ahora bien, es nuestra decisión permitir que la Palabra de Dios haga su trabajo en nuestra vida.

> La lumbrera está ahí; no tienes que caminar en oscuridad tropezando cuando tienes su luz

El salmista mostró mucha sabiduría cuando hizo esta oración:

«Guía mis pasos **conforme a tu palabra,**
para que no me domine el mal»
(Sal 119.133, énfasis propio).

Ni mal ni el pecado ni ninguna cosa que se levante contra nosotros nos dominará si obedecemos la Palabra que Dios nos ha entregado para guiarnos.

HUYE DE TUS ENEMIGOS

El rey David vuelve a entregarnos palabras reveladoras:

«Guíame por el camino correcto, oh SEÑOR,
o mis enemigos me conquistarán;
allana tu camino para que yo lo siga»
(Sal 5.8, NTV).

El salmista sabía que los enemigos lo perseguían y la única forma de escapar era pedirle dirección a Dios. Nuestros enemigos pueden tener muchos nombres: avaricia, incredulidad, lascivia, depresión, ansiedad, confusión, temor, entre tantos otros. ¿Qué camino debes tomar para que tus enemigos no te conquisten? Busca la dirección de Dios, escudriña Su Palabra y medita en ella, obedece Sus mandatos, considéralo en todos tus caminos y verás que ninguno de tus enemigos te conquistará. Hoy hay muchas personas sufriendo y conquistadas por sus enemigos porque decidieron no buscar la dirección de Dios en su vida. Seamos sensatos. Caminemos por el camino que Dios trazó para nosotros.

«Enséñame tus caminos, oh SEÑOR,
para que viva de acuerdo con tu verdad.
Concédeme pureza de corazón, para que te honre»
(Sal 86.11, NTV).

Oración final: «Padre, no viviré más amarrado a mis planes; perdona mi orgullo o mi actitud de independencia. Desde hoy busco tu dirección y estoy abierto a tu instrucción. Por Jesús. Amén».

Escribe en tus propias palabras lo que quisieras decirle en este momento al Señor:

_____

_____

_____

Piensa en al menos tres decisiones que debas tomar basado en lo que has aprendido hoy:

1. _____

2. _____

3. _____

Dios no trabaja con espectadores.
Dios trabaja con hacedores.

Una verdad
fuera de contexto
te destruye

Capítulo 20

«Sigan por el camino que el Señor su Dios les ha trazado,
para que vivan, prosperen y disfruten de larga vida...»
(Dt 5.33, NVI).

Hace unos días conversaba con una mamá que me decía que su hija había comenzado una relación romántica con un hombre que estaba en malos pasos. Su hija le expresaba que ella sabía que su novio no actuaba correctamente, pero que ella tenía fe en que Dios podía cambiarlo.

«Dios tiene el poder para cambiarlo». ¿Eso es cierto? ¡Sí, es cierto! Dios tiene el poder para transformar al ser humano y convertirlo en una nueva criatura. Ahora bien, esa verdad está dentro de un contexto. Hoy vamos a examinar un principio que añadirá valiosa sabiduría a nuestra vida.

TRES HISTORIAS

Quiero compartir contigo tres historias increíbles. La primera tiene como escenario una cárcel.

- ### Te invito a leer Hechos 12.6-11

Pedro se encontraba en la cárcel, pero no por haber sido un mafioso; por el contrario, estaba allí por la causa de Cristo. En ese sombrío lugar, Pedro estaba atado con cadenas y era custodiado por guardias. Repentinamente, un ángel se presentó en su celda, lo despertó y comenzó a darle instrucciones específicas. Le ordenó que se levantara, que se vistiera, se colocara sus sandalias y, finalmente, que se pusiera un abrigo y lo siguiera. Pedro hizo todo lo que el ángel le indicó y, de forma milagrosa, pasaron delante de todos los guardias sin ser vistos, llegaron a la enorme puerta de hierro de la ciudad y salieron al camino principal. Cuando Pedro se encontró libre, exclamó: «¡El Señor envió a su ángel y me salvó de Herodes y de lo que los líderes judíos tenían pensado hacerme!» (Hch 12.11).

¿No es esto extraordinario? ¡Ni la cárcel ni lo soldados ni las cadenas pudieron impedir que Pedro fuese liberado! El poder de Dios es incuestionable porque, cuando Él decide mostrar Su gloria, nada lo puede detener. Ahora bien, si observamos con detenimiento la historia, vemos que el ángel no levanta del suelo a Pedro; tampoco lo viste ni le pone las sandalias y mucho menos lo carga hasta afuera de la ciudad. Todo eso lo hace Pedro por sí mismo, no el ángel. El ángel da instrucciones y Pedro decide obedecer en todo lo que le está mandando a hacer.

> La milagrosa liberación de Pedro no se dio en un vacío, sino dentro de un contexto de completa obediencia.

La segunda historia tiene como escenario un velorio:

- ### Te invito a leer Juan 11.38-44

Esta es la historia de Lázaro, un amigo de Jesús que falleció repentinamente. Jesús llegó cuatro días después de su muerte y «gritó: "¡Lázaro, sal de ahí!". Y el muerto salió de la tumba con las manos y los pies envueltos con vendas de entierro y la cabeza enrollada en un lienzo. Jesús les dijo: "¡Quítenle las vendas y déjenlo ir!"» (Jn 11.43-44).

¡No imagino cuán sorprendidos habrán quedado todos los presentes! ¡El muerto que velaban se levantó! ¡En Jesús hay un poder incuestionable! Hasta la vida y la muerte se sujetan a Él. Ahora bien, si estudias la historia, verás que, antes del milagro, Jesús da una instrucción: «Corran la piedra a un lado» (Jn 11.39) y, luego de resucitarlo, da una segunda instrucción: «¡Quítenle las vendas y déjenlo ir!» (Jn 11.39). No hay duda de que Jesús podía haber quitado la piedra y desatado a Lázaro. Sin embargo, Él delegó una parte de la responsabilidad en los que estaban allí. Hay una parte que hace Dios y una parte que manda hacer a los seres humanos. Dios va a hacer Su parte, pero el ser humano tiene que hacer la suya.

> Estos hombres obedecieron
> y vieron la gloria de Dios.

La tercera historia tiene como escenario el mar.

Jesús estaba en el mar de Galilea predicando a una gran multitud. Al terminar, se acerca a Pedro y le dice: «Ahora ve a las aguas más profundas y echa tus redes para pescar. —Maestro —respondió Simón—, hemos trabajado mucho durante toda la noche y no hemos pescado nada; pero si tú lo dices, echaré las redes nuevamente. Y esta vez las redes se llenaron de tantos peces ¡que comenzaron a romperse! Un grito de auxilio atrajo a los compañeros de la otra barca, y pronto las dos barcas estaban llenas de peces y a punto de hundirse» (Lc 5.4-7).

¡Qué maravilloso momento! Imaginen el asombro de estos expertos pescadores al encontrarse frente a este evento sobrenatural. Ahora bien, nuevamente nos encontramos con que hay algo que Dios manda a hacer antes de realizar el milagro: Dios le da la instrucción a Pedro de tirar las redes y Pedro lo hace.

> ¡La obediencia de Pedro
> permitió que sus ojos vieran el milagro!

En cada historia que les he presentado es evidente, como lo dijo la joven de la que les hablé al principio, que ¡Dios tiene poder! Poder para cambiar a las personas, liberarlas, llenarlas de vida y cubrir sus necesidades. Pero no podemos sacar los milagros fuera del contexto de la historia. ¿Cuál es el contexto? Obediencia. Más allá de la cárcel, más allá de la tumba, más allá del mar, el verdadero escenario donde Dios mostró Su poder fue en la obediencia.

> Dios daba instrucciones, el ser humano
> obedecía, y el milagro sucedía.

No podemos pretender que ocurran milagros en nuestra vida o en la vida de los que nos rodean si, cuando Dios da instrucciones, nosotros no obedecemos. Ciertamente, Dios tiene el poder para hacer que lo imposible sea posible, pero tenemos que ser obedientes a Su Palabra. No podemos vivir fuera de Sus principios y esperar que una fe sin obra cambie nuestro panorama. Recordemos que «la fe, si no tiene obras, está completamente muerta» (Stg 2.17, RVR1995).

> Tenemos que aprender que el cristianismo
> no se basa únicamente en creer en Dios
> o creer que Él puede hacer milagros:
> nuestra fe se basa en OBEDECERLE.

Hay personas que se preguntan por qué el milagro que esperan no se cumple si ellos creen que Dios puede hacerlo. La respuesta podría ser que Dios tiene otro plan o que es necesario que hagan algo que hasta el momento no estaban haciendo. Hace un tiempo una oyente de mi programa de radio se comunicó con nosotros para pedir oración porque su pareja y ella estaban teniendo muchos problemas. Al preguntarle acerca de su relación, la joven dijo que ellos convivían, pero no estaban casados. Amado lector, ¿cómo Dios va a bendecir una relación de fornicación? Es necesario que entendamos que la fe que revelan las Escrituras no se basa solo en creer, sino en obedecer lo que Dios establece en Su Palabra.

HACEDORES DE SU PALABRA

Si somos honestos, reconoceremos que muchas veces no estamos dispuestos a obedecer ni siquiera las disciplinas espirituales más básicas que deberían ser parte de nuestra vida diaria. Por ejemplo, 1 Tesalonicenses 5.17 declara con suma claridad: «Oren sin cesar» (RVA-2015), pero la realidad es que a veces pueden pasar días o semanas sin que oremos. Juan 5.39 nos exhorta: «escudriñen las Escrituras» (RVA-2015), pero la realidad es que a veces solo leemos la Biblia durante el servicio dominical. En Joel 2.12, como en tantos otros versículos, se nos enseña: «Vuélvanse a mí con todo su corazón, con ayuno, llanto y lamento» (RVA-2015), pero la realidad es que podrían pasar meses y ni un solo día practicamos el ayuno. Si no estamos dispuestos a ser fieles con las disciplinas espirituales más básicas, ¿cómo podremos estar listos para recibir las manifestaciones sobrenaturales que Dios quiere hacer en nuestra vida?

Si somos honestos, entenderemos que muchas veces ha sido nuestra desobediencia la que ha impedido que recibamos lo que Dios quiere darnos. Por ejemplo, hay personas que le piden a Dios que arregle sus relaciones más significativas, pero no están dispuestas a obedecerle cambiando su carácter volátil por uno dócil y paciente. Hay quienes oran a Dios para que los use con poder, pero no renuncian a sus inseguridades; otros quieren estar emocionalmente estables, pero no están dispuestos a perdonar. Necesitamos comprender lo importante de hacer lo que nos corresponde para que la voluntad de Dios se manifieste en nuestra vida.

> Dios no trabaja con espectadores,
> sino con hacedores de Su Palabra.

UN MOMENTO PARA MÍ

Posiblemente, podríamos cometer el error de esperar que Dios haga todo y nosotros limitarnos únicamente a confiar en Él, en lugar de esforzarnos en obedecer Su Palabra. ¿Piensas que estás fallando en esta área? ¿Qué instrucciones crees que Dios te ha dado que no estás cumpliendo?

_____

_____

_____

_____

LA FE COMO EXCUSA PARA MI PROPIA DESOBEDIENCIA

Regresando al evento que relaté al comienzo, Dios puede transformar la vida del muchacho del que está enamorada la joven. Hasta podemos afirmar que Él no solo puede, sino que anhela cambiarlo porque lo ama. Sin embargo, como hemos aprendido hoy, Dios no actúa solo. El modelo bíblico nos muestra a un Dios que tiene el poder sobrenatural para hacer Su voluntad cuando el ser humano obedece. Este joven tendría que rendirse a Jesús y, en la medida en que vaya obedeciéndole, disfrutará de la manifestación del poder de Dios cambiando su vida. Hasta que eso no suceda, la chica no debería involucrarse sentimentalmente con él.

Tristemente, a veces tomamos la fe como una excusa para justificar nuestra desobediencia a Dios. ¿Crees que los planes que Dios tiene para ti son que te involucres con un maltratador, con una persona que tiene serios problemas de adicción o con alguien irresponsable? De ningún modo. Entonces, quien diga que puede estar con una persona así porque Dios puede cambiarlo está desobedeciendo. ¡Es increíble cuánto daño podemos hacernos a nosotros mismos en nombre de la fe! Una fe que NO es bíblica.

Lamentablemente, podemos cometer el gran error de querer amoldar a Dios a nuestros caprichos para nuestra propia destrucción. Es como cuando pensamos: «Dios es perdonador, así que voy a vivir como quiera porque finalmente Dios me perdonará». ¿Sabes que esta es la forma exacta en que actúa Satanás? Lucas nos muestra en su Evangelio que Satanás usaba las Escrituras mismas para destruir a Cristo. Una y otra vez, Satanás le citaba las Escrituras a Jesús para hacerlo caer: «Él ordenará a sus ángeles que te protejan y te guarden. Y te sostendrán con sus manos para que ni siquiera te lastimes el pie con una piedra» (Lc 4.10-11). **Satanás sacaba de contexto la verdad de Dios**. El enemigo quería usar la Palabra misma de Dios para que Jesús se matara. Muchas veces esto es lo que sucede con muchos cristianos: usan la Palabra de Dios para destruirse. Lo mismo hace esta joven que está con alguien que no le conviene haciendo referencia a que Dios tiene el poder para cambiarlo.

UN MOMENTO PARA MÍ

Todos podríamos caer en el error de apelar al carácter de Dios y quizás a Su perdón o bondad para continuar desobedeciéndolo. ¿Piensas que actualmente estás fallando en esto? ¿De qué manera? ¿Crees que esto ha impedido que continúes creciendo o que los planes de Dios se cumplan en tu vida? Si es así, ¿en qué sentido?

_____

_____

_____

Si, como la joven, sacamos de contexto la verdad de Dios, no veremos la manifestación de Dios en nuestra vida. Seamos sabios y obedezcamos; de esta manera nosotros también seremos testigos de esclavos que son liberados, muertos que son resucitados e hijos que son prosperados.

Oración: «Señor, perdóname si he usado la fe para aferrarme a mis caprichos, en lugar de para cumplir tu perfecta voluntad en mi vida. Me comprometo a obedecerte, a no ser más un espectador, sino un hacedor de tu Palabra. Ayúdame, Espíritu Santo. Por Jesús. Amén».

Escribe en tus propias palabras lo que quisieras decirle en este momento al Señor:

_____

_____

_____

_____

Piensa en al menos tres decisiones que debas tomar basado en lo que has aprendido hoy:

1. _____

2. _____

3. _____

Acabemos con el pecado o el pecado acabará con nosotros.

Hay algo con lo que lucho

⌘

Capítulo 21

*«Y pueden confiar en Dios,
pues él no va a permitir que sufran más tentaciones
de las que pueden soportar...»*
(1 Co 10.13, TLA).

«Hay algo con lo que he estado luchando por mucho tiempo», fueron las palabras que pronunció Julio al decirle a su pastor que necesitaba hablar de cierto asunto. Cuando finalmente se reunieron, Julio manifestó que hacía años que estaba sumergido en la pornografía. Semanas antes, Esteban, otro miembro de la congregación, le había expresado al pastor unas palabras similares: «Pastor, hay algo con lo que yo lucho». Sin embargo, al hablar abiertamente del asunto, le expresó que durante años había luchado con la tentación de hacer algo indebido, pero no había cedido ante esa fuerte presión.

Cuando escuchas la frase «Hay algo con lo que yo lucho», ¿qué entiendes? ¿Crees que la persona está siendo fuertemente tentada, pero se está resistiendo, o piensas que esa persona está practicando el pecado?

Luchar es 'emplear la fuerza u otros medios en un enfrentamiento violento para vencer y conseguir un fin'. Partiendo de esta definición, ¿quién está empleando todas sus fuerzas para vencer? ¿Quién está luchando violentamente para no caer en la tentación? La realidad es que Esteban está luchando, pero Julio hace mucho tiempo que dejó de luchar. Él puede estar experimentando sentimientos de culpa, puede sentirse mal o avergonzado, pero decir que está luchando es equivocado. De hecho, decirlo sería colocar al que está viviendo en pecado en el mismo nivel del que, aun siendo tentado, se mantiene firme.

¿Por qué es importante aclarar esto? Porque nosotros tenemos que ser honestos con nosotros mismos. Si estamos siendo tentados por cualquier cosa que Dios ha señalado como pecado, pero, a pesar de ello, resistimos esa tentación, estamos en una lucha. Pero si, por otro lado, somos tentados y no resistimos la tentación, sino que caemos en ella, al punto de permanecer por años en esta condición, entonces no estamos luchando, sino que nos hemos rendido ante el pecado. Decir «Yo lucho con algo» luego de haber caído una y otra vez es realmente una mentira y Dios no obra en la mentira. Yo sé que se escucha más bonito decir: «Estoy en una lucha» que reconocer: «Estoy viviendo en pecado», pero la realidad es que no avanzaremos hasta que no aceptemos nuestra verdadera condición.

«El que encubre sus pecados no prosperará;
Mas el que los confiesa y se aparta alcanzará
misericordia» (Pr 28.13, LBLA).

UN MOMENTO PARA MÍ

Creo que todos, en algún momento, podríamos tratar de solapar nuestros errores para que no parezcan tan terribles. ¿Crees honestamente que estás luchando en contra de una tentación o entiendes que hace tiempo te rendiste y estás viviendo de forma equivocada? En caso de que hayas claudicado, ¿contra qué cosas sabes que tienes que volver a luchar?

_____

_____

_____

¿CÓMO PODEMOS VENCER LA TENTACIÓN?

La Biblia nos enseña que hay algo que necesitamos hacer para enfrentarnos en una lucha contra la tentación y salir victoriosos.

> «Por eso, obedezcan a Dios. Háganle frente al diablo, y él huirá de ustedes» (Stg 4.7, TLA).

Este versículo nos enseña claramente que a Dios tenemos que obedecerlo, mientras que al diablo tenemos que resistirlo. A veces decidimos hacer todo lo contrario: resistimos la voz del Espíritu Santo y obedecemos al diablo.

He escuchado a tantas personas que, tras haber caído en pecados sexuales, manifiestan haber estado resistiendo la voz de Dios por mucho tiempo antes de haber fallado. El Espíritu Santo les hablaba constantemente a través de una canción, una predicación, la gente cercana y su propio corazón, pero aun así se resistieron a la voz de Dios y obedecieron al diablo.

Necesitamos aprender a recibir, aceptar y obedecer la voz de Dios en nuestra vida. Cuando Dios habla de obediencia, habla de decisión. Dios no te va a exigir nada que no seas capaz de obedecer.

Permíteme brindarte un ejemplo: si Dios tiene de frente a un ser humano saludable que puede caminar, no le va a exigir que vuele porque sabe que no tiene esa capacidad. Pero sí le puede exigir que, a pesar de cómo se sienta, camine. Caminar es algo que, aunque le puede costar en el momento, sí puede hacer. Dios es un Dios justo. Él nos exige aquello que sabe que podemos cumplir.

> «No os ha sobrevenido ninguna tentación que no sea humana; pero fiel es Dios, que no os dejará ser tentados más de lo que podéis resistir...» (1 Co 10.13, RVR1960).

Hace un tiempo meditaba en la experiencia de Jesús en el desierto. Las Escrituras señalan en el Evangelio de Lucas que Jesús fue llevado por el Espíritu de Dios al desierto (Lc 4). Podemos estar seguros de que el Espíritu de Dios no iba a colocar a Jesús en una posición que Él no estuviera listo para enfrentar y vencer.

¿Tú le exigirías a tu hijo de dos años que haga ejercicios matemáticos de alto nivel? De ningún modo. ¿Por qué no? Porque tu hijo aún no ha crecido lo suficiente como para poder desempeñarse con éxito en ese tipo de prueba. Nosotros podemos hacer ese juicio siendo imperfectos; cuánto más puede hacerlo Dios, que es perfecto, que nos ama y conoce todas las cosas. El Señor no nos colocará en situaciones si no nos ha preparado de antemano para vencerlas.

> Si Dios te permite pasar por una tentación
> es porque estás listo para enfrentarla y vencerla.

Es necesario que comprendas el poder que te ha sido otorgado para vencer cualquier tentación. Jesucristo ha vencido a Satanás, por lo que ahora los hijos de Dios tenemos autoridad para vencer al enemigo en el nombre de Jesús. Así les dijo a Sus discípulos: «Miren, les he dado autoridad sobre todos los poderes del enemigo...» (Lc 10.19). Esta disposición nos coloca en una posición de responsabilidad. Si fallamos no es que hayamos sido víctimas de un poder superior, sino que hemos elegido libremente caer. Cada ser humano tiene el regalo del libre albedrío; no estamos obligados a nada, por lo que, finalmente, **es nuestra decisión ceder a la tentación o luchar contra ella.**

LA VERDADERA LUCHA

> «¡Ahora escucha! En este día, te doy a elegir
> entre la vida y la muerte...» (Dt 30.15).

La verdadera lucha que se debate en nuestro corazón ante cada prueba es realmente una batalla de amores: ¿amaré más a Dios o amaré más mis deseos? Es natural que, ante una tentación, nuestra carne nos comunique que aquello que está mal se siente bien. ¿Has pensado alguna de estas frases al considerar pecar: «Es que me gusta cómo se siente», «Esto me hace sentir vivo otra vez», «Me emociona»?

«Hay camino que al hombre le parece derecho;
Pero su fin es camino de muerte»
(Pr 14.12, RVR1960).

Ciertamente, lo que Dios ha llamado pecado puede verse y sentirse muy bien por algún tiempo. Sin embargo, como hemos estado estudiando durante los capítulos anteriores, el pecado luego trae dolor y muerte a la vida del ser humano. Por otro lado, el negarnos a nosotros mismos en el momento puede que no sea la decisión más divertida o satisfactoria, pero luego nos llena de vida y de paz.

CEDER ACARREA MUERTE

«Entonces la pasión, después que ha concebido, da a luz el pecado;
y el pecado, siendo consumado, da a luz la muerte»
(Stg 1.15, RVR1995).

La Biblia establece el siguiente proceso mortal:

- La pasión se concibe
- La pasión da a luz el pecado
- El pecado, siendo consumado, da a luz la muerte

El versículo nos habla de concebir y de dar a luz algo que finalmente nos mata. Nunca olvidaré la muy lamentable historia de un oficial de la policía de alta jerarquía en mi país. Él era un hombre casado y padre de familia. Sin que nadie lo supiera, comenzó a exponerse a pornografía infantil desde su computadora. Como toda adicción, él necesitaba acrecentar la droga para poder continuar sintiéndose satisfecho, por lo que comenzó a entablar relaciones con menores a través de las redes sociales. Finalmente, fue acusado de haber agredido sexualmente a su propia hija. Además del daño que causó a tantas personas, este hombre perdió su trabajo, reputación y libertad porque fue sentenciado a muchos años de cárcel. Cuando la Biblia dice que el pecado da a luz muerte, no es una metáfora, es una realidad estremecedora. Estoy segura de que, la primera vez que este hombre vio pornografía en la soledad, nunca se imaginó hasta dónde trascendería esa acción y cuánta destrucción traería consigo. Con el pecado no se juega.

Al pecado lo matas o te mata

Nosotros no podemos jugar con las tentaciones ni podemos fantasear con ellas. No podemos permitir que el pecado crezca dentro de nosotros. Debemos cortar de raíz todo aquel pensamiento que nuestra consciencia sabe contrario a lo establecido por Dios. No podemos subestimar el daño que el pecado nos causará. No podemos caer en el engaño de pensar que, mientras no se materialice, no está mal. Necesitamos ser radicales en esto. No podemos permitir que el pecado crezca dentro de nosotros.

Dios es fiel. Tú puedes clamar a Él en medio de la tentación, sabiendo que no luchas solo. Él te ha dado la autoridad para vencer, pero NO puedes seguir autoengañándote. No puedes decir que estás en una lucha cuando realmente has claudicado. Establezcamos verdad porque es en la verdad donde obra el Espíritu Santo.

En los próximos capítulos compartiré contigo las herramientas que todos necesitamos para hacerle frente a cada tentación en nuestra vida. Hoy aceptemos la verdad con responsabilidad, sin excusas y sin engaños, para que, partiendo de la verdad, podamos ser liberados y transformados, y así avanzar.

UN MOMENTO PARA MÍ

Te invito a pedirle al Espíritu Santo que te revele las áreas de tu vida que no logras ver y necesitan ser transformadas por Él. Luego de orar, escribe las áreas que Dios te haya mostrado:

_____

_____

_____

Oración: «Señor, te agradezco por traer luz a mi vida. Perdóname por las veces que caí ante la tentación a pesar de haber recibido la advertencia de tu Espíritu. Señor, hoy confieso mi pecado sin excusas ni mentiras. Ayúdame a verme con claridad y no vivir engañándome a mí mismo. Que tu Espíritu siempre me alumbre para ver la verdad y ser libre de toda esclavitud del pecado. Ayúdame, Jesús, a serte fiel. Amén».

Escribe en tus propias palabras lo que quisieras decirle en este momento al Señor:

_____

_____

_____

Piensa en al menos tres decisiones que debas tomar basado en lo que has aprendido hoy:

1. _____

2. _____

3. _____

¡Una ley por encima de todas!

Capítulo 22

«... Dios declaró el fin del dominio
que el pecado tenía sobre nosotros» (Ro 8.3)

Carlos fue acusado de cometer un crimen. Tras llevarse a cabo un juicio, fue declarado culpable y sentenciado a una larga condena. Sin embargo, su familia no se rindió y apeló la decisión del juez a un tribunal de mayor jerarquía. Cuando este tribunal revaluó el caso de Carlos, no encontraron las pruebas suficientes, por lo que determinaron que sería liberado. En definitiva, aun cuando el primer tribunal lo había declarado culpable, un tribunal superior lo declaró inocente y Carlos fue liberado de la cárcel.

Bajo el sistema legal de Estados Unidos, un tribunal puede determinar una sentencia y un tribunal más alto puede revocarla. Incluso el tribunal de mayor jerarquía, la Corte Suprema, puede confirmar un fallo de culpabilidad, pero, si el gobernador del estado o el presidente del país desea liberar a la persona, puede hacerlo por medio de un indulto. Esto sucede porque hay niveles de autoridad.

Cuando un poder más grande declara libertad sobre nuestra vida, no importa la ley que vino a esclavizarnos: somos capaces de ser libres.

LA LEY DE LA CARNE

• Te invito a leer Romanos 8.1-17

Este capítulo presenta claramente la autoridad que puede ejercer nuestra carne sobre cada uno de nosotros. La ley de la carne es poderosa y, lamentablemente, se inclina al pecado. Nuestra carne es propensa a envidiar, murmurar, contender, mentir, entre tantas otras cosas que desagradan a Dios y dañan al ser humano. Tristemente, muchas veces, aun sabiendo que algo está mal y puede causar daño, igual nos dejamos llevar por los deseos de la carne.

¡Qué importante es que entendamos lo que Jesucristo ha hecho en la cruz! ¡Él hizo algo realmente milagroso y espléndido! Dice la Biblia que Dios «envió a su propio Hijo en un cuerpo como el que nosotros los pecadores tenemos; y en ese cuerpo, mediante la entrega de su Hijo como sacrificio por nuestros pecados, Dios declaró el fin del dominio que el pecado tenía sobre nosotros» (Ro 8.3, NTV)

¡Qué extraordinario! ¡Gracias al sacrificio de Jesús en la cruz y a Su Espíritu, hay un poder más alto, hay una autoridad mayor, que nos ha liberado! Así como el Tribunal Supremo puede invalidar la condena que haya dictaminado cualquier otro tribunal, así Cristo Jesús, por la autoridad que tiene, ha invalidado la ley del pecado sobre ti (Ro 8.2).

Quizás, al enfrentar una tentación muy fuerte, hayas pensado: «Esto que estoy sintiendo es más fuerte que yo; creo que no lo podré controlar» o, ante un pecado que ya estás practicando, hayas pensado: «¡No puedo dejar de hacerlo!». Es indispensable que, a pesar de cómo te sientas o lo que estés pensando, comprendas la verdad espiritual que te ha sido entregada:

Tu carne puede parecer tener mucha autoridad sobre ti, al punto de esclavizarte a algo que va en contra de lo establecido por Dios y te daña, pero la realidad es que la autoridad de la carne sobre tu

vida ha sido revocada por una autoridad mayor, que ha venido a liberarte. A través de la obra de Jesús en la cruz, que nos hizo hijos de Dios y nos dio Su Espíritu Santo, se desató sobre nosotros el poder para ir por encima de la ley del pecado y de la carne, y ser libres por el Espíritu.

> El pecado que lleva a la muerte ya
> no tiene poder sobre mí.

¿Qué harías si, después de ser declarado culpable por las autoridades de tu país, el presidente emitiera un indulto a tu favor y te liberara? ¿Le dirías al presidente: «Gracias, pero yo me quedo aquí preso»? ¡Estoy segura de que no! ¡Tú tomas la oportunidad de ser libre y sales!

De la misma manera, Jesús, LA MÁXIMA AUTORIDAD, te ha dado el indulto para salir de tu esclavitud. ¡En Su nombre tú puedes lograrlo!

«Claman los justos, y Jehová oye, y los libra de todas sus angustias» (Sal 34.17, RVR1960).

Tú y yo podemos clamar a Dios y, mediante el poder del Espíritu Santo, ir por sobre todo aquello que nos haya esclavizado en el pasado. No hay nada que se resista a Cristo, ni la amargura, el resentimiento, la falta de perdón, nuestras necesidades no cubiertas, los sentimientos de rechazo, las debilidades ni las tentaciones. No hay nada que sea más fuerte que el poder de Cristo obrando en tu vida. ¡Ese poder revoca todo!

UN MOMENTO PARA MÍ

Todos hemos necesitado libertad en algún área de nuestra vida. ¿Puedes pensar en qué áreas de tu vida necesites ser libre? Te invito a escribirlas a continuación. Luego de escribirlas haremos una oración juntos.

_____

_____

Oración: «Padre, dice tu Palabra que yo soy libre de la ley del pecado y de la muerte por Cristo Jesús. Hoy no solo reconozco mi debilidad, sino también la fortaleza que mediante tu Espíritu Santo me has dado para vencer por sobre todo principado y potestad que se levante contra mí para destruirme. Por Jesús. Amén».

PLAN DE ACCIÓN

Cada vez que nos proponemos una meta en cualquier área de nuestra vida, ya sea estudiar una carrera, ascender en el trabajo o mejorar nuestra salud, sabemos que el éxito en lograrlo dependerá de cuán disciplinados o constantes seamos en el proceso. De la misma forma, cuando decidimos vivir una vida en el Espíritu, debemos ser intencionales y disciplinados para así buscar y pensar en las cosas del Espíritu.

«Los que viven conforme a la naturaleza pecaminosa **fijan la mente** en los deseos de tal naturaleza; en cambio, los que viven conforme al Espíritu fijan la mente en los deseos del Espíritu» (Ro 8.5, NVI, énfasis propio).

Según este versículo, ¿cuál es la clave para que podamos vivir libres en el Espíritu, en lugar de vivir esclavizados a los deseos de la carne? Fijar nuestra mente en las cosas del Espíritu. Esto requiere disciplina. Mi carne quiere ver televisión, pero mi espíritu necesita ser alimentado con oración. Mi carne quiere estar pegada a las redes sociales, pero mi espíritu necesita ser alimentado con la Palabra de Dios. Mi carne me dice: «Trabaja, trabaja, trabaja. Produce, produce, produce», pero mi espíritu necesita un tiempo de calidad con su Padre celestial.

Nuestro Padre, quien tiene control sobre todo, nos enseña: «Mas buscad primeramente el reino de Dios y su justicia, y todas estas cosas os serán añadidas» (Mt 6.33, RVR 1960). Necesitamos hacernos el hábito de dedicar tiempo a alimentar y nutrir nuestro espíritu; si no lo hacemos, entonces no podremos experimentar la autoridad que Dios nos da sobre el deseo de la carne y el pecado. Ahondaremos más en cómo alimentar el espíritu en el próximo capítulo.

Por otro lado, si fijas tus pensamientos en recuerdos dolorosos, en aquello que anhelas y no tienes o en lo que te causa temor o ansiedad, si te sientas tras una computadora para exponerte a perversiones sexuales o a escuchar música que invita a la lascivia y a la promiscuidad, entonces, a pesar de que una autoridad mayor te ha declarado libre, vivirás esclavizado porque insistes en fijar tu mirada en las cosas de la carne que te esclavizan. Es necesario decidir que el Espíritu de Dios sea quien nos domine.

UN MOMENTO PARA MÍ

Todos podemos cometer el error de dedicar demasiado tiempo a pensar en las cosas de la carne y no en las del Espíritu. Te invito a hacer una introspección y escribir aquellas cosas que ocupan tu tiempo y en las que estás fijando tu mente, cosas que sabes necesitas cambiar.

_____

_____

_____

DOS CAMINOS

El vivir bajo el dominio de la carne nos conduce a la muerte.

«El pecado lleva a la muerte» es una afirmación que se refiere a la muerte en todos los sentidos: muerte espiritual, muerte eterna y hasta la pérdida de todo aquello que tienes en la tierra. El pecado te puede hacer perder lo que más amas y lo que tanto te ha costado obtener, como tus relaciones más significativas, tu salud, posesiones, ministerio, trabajo, reputación, entre tantas otras cosas importantes y valiosas. El seguir los deseos de la carne te arruinará, mientras que vivir bajo el dominio del Espíritu de Dios te conducirá a la vida.

«... pero permitir que el Espíritu les controle la mente
lleva a la vida y a la paz» (Ro 8.6).

¿Quién no anhela una vida llena de paz? ¿Quién no desea experimentar la verdadera vida? Si permitimos que el Espíritu Santo controle nuestra mente, ¡disfrutaremos de ambas! Se trata de tomar una decisión en lo profundo de nuestro interior, allí donde nadie más ve, solo tú y Dios. Una decisión por la integridad, por buscar a Dios genuinamente, por desear agradarle por sobre cualquier otro deseo. Ya la autoridad para reclamar nuestra libertad, ganar toda batalla que enfrentemos y vivir nos ha sido dada por medio del Espíritu Santo. Ahora solo nos resta utilizar esa autoridad porque «... si mediante el poder del Espíritu hacen morir las acciones de la naturaleza pecaminosa, vivirán» (Ro 8.13).

¡Dios quiere que vivamos! Él nos diseñó
para la vida y para ser libres.

LA DECISIÓN ES NUESTRA...
¡EL PODER PARA VENCER NOS HA SIDO DADO!

Oración: «Señor, gracias porque hoy he aprendido que no soy esclavo del pecado porque tu autoridad me ha declarado libre. Desde hoy fijaré mi mirada en las cosas del Espíritu para preservar la libertad que me has concedido. Espíritu Santo, ayúdame a mantenerme firme. Por Jesús. Amén».

Escribe en tus propias palabras lo que quisieras decirle en este momento al Señor:

_____

_____

_____

_____

_____

Piensa en al menos tres decisiones que debas tomar basado en lo que has aprendido hoy:

1. _____

2. _____

3. _____

No vivo según lo que siento. Vivo según lo que creo.

Como las olas del mar

Capítulo 23

*«Dejemos, pues, de ser niños zarandeados
por las olas y arrastrados a la deriva...»*
(Ef 4.14, BHTI).

Vivo en Puerto Rico, una hermosa isla del Caribe. Mi casa está ubicada cerca de la costa, por lo que puedo disfrutar del mar con regularidad. Es hermoso y relajante ver las olas, sentir el viento y oler ese peculiar aroma a sal. Sin lugar a dudas, las olas del mar son hermosas y ciertamente nos deslumbran, pero, por otro lado, también son peligrosas y, como sabemos, personas han muerto embestidas por ellas. Una de las peculiaridades más sobresalientes de las olas es que son tan variables que podrían estar muy altas en un segundo y al siguiente muy bajas. Sus características tan particulares me hacen pensar que son una excelente representación de nuestras emociones. Al igual que las olas, nuestras emociones pueden ser hermosas, pero también pueden ser peligrosas y definitivamente variables.

UNA HISTORIA DE DOS

En los Evangelios, vemos una historia que nos muestra claramente cómo emergen nuestras emociones.

«Entonces Simón Pedro, que tenía una espada, la sacó e hirió al siervo del sumo sacerdote, y le cortó la oreja derecha. El siervo se llamaba Malco» (Jn 18.10, LBLA).

«Pero Jesús dijo: 'Basta'. Y tocó la oreja del hombre y lo sanó» (Lc 22.51).

¿CÓMO SON LAS EMOCIONES?

Nuestras emociones son variables; como las olas del mar, suben y bajan con mucha facilidad. En un solo día podemos experimentar muchas emociones distintas. Por ejemplo, te levantas por la mañana, vas al trabajo y allí quizás experimentas situaciones que te hicieron sentir estresado y preocupado; en la tarde asistes a la graduación de tu hijo y te sientes lleno de orgullo y agradecimiento por su vida. En la noche vas a la reunión de oración de tu congregación y experimentas una profunda paz. Al llegar a tu casa, le indicas a tus hijos que se acuesten a dormir, pero ellos no quieren, por lo que te molestas al tener que repetir la misma instrucción. ¡Cuántas emociones distintas podemos experimentar en un solo día! Si hay algo variable en esta vida, son nuestras emociones, y la verdad es que poco podemos hacer para dejar de sentirlas porque ciertamente ellas son fruto de todo lo que nos pasa en nuestro diario vivir. Ante esa realidad, ¿qué podemos hacer con ellas?

VIVIENDO SEGÚN PRINCIPIOS

«Jesucristo es el mismo ayer, y hoy, y por los siglos» (Heb 13.8, RVR1960).

Dios es un ser constante y los principios que establece son como Él: no varían. Imagina una línea recta; a diferencia de las olas del mar que suben y bajan, los principios son como una línea recta que no tiene variaciones ni depende de las circunstancias. Dios dijo: «Yo estoy contigo». Eso implica que estuvo contigo, está contigo y estará contigo. Él dice: «Ama a tu prójimo». Esto significa que es necesario amarlo siempre: ayer, hoy y mañana. Él dice: «No matarás», y eso implica que no debemos matar nunca, ni en el pasado ni en el presente ni en el futuro. Fíjate en que los principios son claros y constantes. En ningún lugar dice que obedezcamos los principios de Dios únicamente cuando sintamos ganas de hacerlo. No dice que, cuando sientas deseos de amar, ames ni que, cuando no sientas deseos de amar, pues no lo hagas. Dios sabe que tú y yo no siempre nos sentiremos igual, por lo que necesitamos aprender que el principio no depende de cómo tú y yo nos sentimos. Los principios de Dios no cambian, sino que son constantes, y vivir según ellos en lugar de vivir según nuestras emociones es madurez.

Vivir según principios es madurez

Desde tiempos inmemoriales, la tendencia de muchos ha sido pensar que la madurez tiene que ver con la edad o aun con un temperamento particular. Me explico: si ves a una persona de sesenta años y al lado un niño de ocho años, posiblemente pensarás que la persona «madura» es la mayor. Por otro lado, si ves a una persona extrovertida que habla mucho y con un tono de voz alto, y al lado vez a alguien callado, es muy posible que llegues a pensar que el introvertido es más «maduro». La realidad es que la madurez no tiene que ver con ninguno de estos factores. Aunque ciertamente los años y las experiencias deberían traer consigo cierta madurez, la verdad es que hay personas muy mayores que continúan viviendo según lo que sienten. Más allá de la edad que tengamos, si nuestras decisiones y conducta son regidas por nuestras emociones inconstantes, entonces estamos mostrando inmadurez. Por otro lado, si le dices a un chico de ocho años que no puede jugar videojuegos mientras no estés en casa y él, a pesar de que quiere jugar y sabe que nadie lo ve, obedece, él está mostrando madurez porque no se rige por lo que siente, sino por sus principios.

Es necesario que sometamos nuestras INESTABLES emociones a los ESTABLES principios de Dios.

UN MOMENTO PARA MÍ

Todos en algún momento hemos actuado según lo que sentimos, aunque sepamos que no estaba de acuerdo con lo establecido por Dios. ¿Puedes identificar en estas últimas semanas eventos específicos en los que te has conducido según lo que sientes, en lugar de seguir lo establecido por Dios? Compártelos a continuación.

_____

_____

_____

_____

DE REGRESO A NUESTRA HISTORIA

Jesús está atravesando un momento difícil; sus emociones están decaídas y Él está triste. Hace tan solo unas horas había estado conversando con Su Padre en relación a Su propia muerte. Pensemos por un momento: en medio de un tiempo tan difícil, lo más seguro es que Jesús no deseara estar sanando a personas. Vamos aun más allá: en todo caso, el que ahora necesita apoyo y sanidad es Él. Pero Jesús no actúa conforme a Sus emociones, sino que actúa por principios.

La Biblia dice que debemos sanar, por lo que vemos en esta historia que eso es lo que Jesús hace. Sanó ayer cuando estuvo feliz, pero también sana ahora cuando está triste. Sanó ayer cuando tenía deseos de hacerlo, pero también sana hoy, aunque quizás no se siente de humor, porque Jesús no vive según Sus emociones; Él vive según Sus principios.

EXAMINEMOS NUESTRA VIDA

Imagina a una persona casada que, cuando sus emociones están animadas, trata a su cónyuge con fidelidad, cariño y honra; pero, cuando siente desánimo y sus sentimientos no son tan intensos, su trato se vuelve frío y distante, y comienza a buscar en otras personas aquellas emociones que antes le producía su cónyuge. ¿Cómo será la vida de esa persona? Será inconstante como sus emociones y es muy posible que haga mucho daño a otras personas y a sí mismo. Estoy segura de que la mayoría deseamos vidas llenas de estabilidad, pero, si vivimos conforme a nuestras emociones, nunca lo conseguiremos.

Eduardo conoció a Nirma en la universidad. Ella era una joven hermosa con bellas cualidades que enamoraron a Eduardo. Tras algunos meses de conquista, Nirma aceptó ser novia de Eduardo hasta que, finalmente, se comprometieron y se casaron. Sin embargo, no pasó mucho tiempo antes de que Eduardo dejara de experimentar las emociones que antes le causaba su esposa. Poco después, abandonó a Nirma y comenzó una relación con una compañera de trabajo, con quien procreó un niño. Han pasado alrededor de veinte años y Eduardo ha convivido con varias mujeres. Un día «sentía deseos de amar» a alguien y, pasado el tiempo, no sentía lo mismo, por lo que se separaba y volvía a comenzar de nuevo.

La realidad es que las emociones de Eduardo no son diferentes a las de la mayoría de nosotros. Si le preguntas a una persona que lleva cincuenta años de casada si cada día de su vida se sintió igual de enamorada, seguramente te responderá que no. La diferencia entre Eduardo y los que continúan con sus cónyuges es que él decidió vivir según sus emociones en lugar de seguir sus principios. En el altar, no prometes **sentir** amor toda la vida; lo que prometes es **amar** por el resto de tu vida. Es la acción, el compromiso, la voluntad, la decisión lo que podemos asegurar en esa promesa. Las emociones sencillamente vienen y van, y por esa razón **no podemos entregar las decisiones más importantes de nuestra vida a algo tan inestable como son nuestras emociones.**

Imaginémonos qué sería de nuestra vida si decidiéramos vivir según nuestras emociones. Por ejemplo, si al molestarnos nos dejáramos llevar por lo que sentimos en ese momento y comenzáramos a gritar, ofender o lastimar a los demás, ¿cómo serían nuestras relaciones? Seguramente muy inestables, y las consecuencias serían terribles.

¿Y qué si, en tiempos de enfermedad o profunda tristeza, empezáramos a tomar decisiones radicales considerando solo cómo nos sentimos en ese momento? Creo que quizás algunos de nosotros ni estaríamos vivos porque, en procesos como esos, a veces hasta perdemos el deseo de vivir.

En relación a nuestra vida profesional, posiblemente no terminaríamos ninguna carrera universitaria porque no siempre queremos estudiar o hay materias aburridas o muy difíciles. No nos mantendríamos estables en ningún trabajo porque los ambientes de trabajo no siempre son como los deseamos: a veces hay compañeros difíciles o la tarea que hacemos no es exactamente lo que nos gusta hacer.

> El que vive por emociones es un náufrago
> que no llega a ningún lado.

Así como las olas del mar, nuestra vida será inestable si la basamos en nuestras emociones. Tristemente, no perduraremos en nuestras relaciones, trabajos o ministerios y, si lo hacemos, la realidad es que no seremos las personas más fáciles de tratar o dignas de confianza. Pero, si decidimos vivir por los principios constantes de Dios, a pesar de cómo nos sintamos, nuestra vida gozará también de esa estabilidad. Tendremos muchos triunfos, seremos reconocidos como personas confiables y disfrutaremos de la cosecha que es producto del esfuerzo y la constancia.

UN MOMENTO PARA MÍ

Considerando las distintas áreas de tu vida, ¿crees que hay algún área que esté siendo regida por tus emociones en lugar de por principios? Indica cuál y qué consecuencias te ha traído.

- Carácter/consecuencia: _____
- Relaciones interpersonales/consecuencia: _____
- Estudios o trabajo/consecuencia: _____
- Otro: _____/consecuencia: _____

TOMEMOS LA DECISIÓN

Aquel día en el que Pedro y Jesús se enfrentaron a sus emociones, vimos a un Jesús amarrado a los principios de Su Padre. En aquel evento, Jesús no solo no lastimó al soldado, sino que lo sanó. Jesús podía haberse quedado inerte y simplemente no agredir, pero los principios de Dios siempre nos invitan no solo a no hacer el mal, sino a hacer el bien.

Independiente de cómo podamos sentirnos, vivamos conforme a los principios de Dios. Esforcémonos por hacer aquello que Dios nos ha mandado. Aunque no tengas ganas de levantarte, ¡levántate! Aunque no tengas ganas de perdonar, ¡perdona! Aunque no tengas ganar de amar, ¡ama! Aunque no tengas ganas de obedecer, ¡obedece! En cada área de tu vida, procura vivir según principios y no emociones.

> Decide vivir según principios y, en
> lugar de ser un náufrago, alcanzarás
> lo que Dios te ha prometido.

Oración: «Padre, tú conoces lo intensas que pueden ser mis emociones, pero he aprendido que tu Espíritu me ha dado autoridad sobre mi carne, por lo que mis emociones no están exentas de esa autoridad. Te pido que me ayudes cada día a someterlas a ti para poder honrarte con mi vida. En el nombre de Jesús. Amén».

Escribe en tus propias palabras lo que quisieras decirle en este momento al Señor:

_____

_____

_____

Piensa en al menos tres decisiones que debas tomar basado en lo que has aprendido hoy:

1. _____

2. _____

3. _____

Es Dios quien quiere lo mejor para ti, no el mundo.

Desnutridos espiritualmente

❧

Capítulo 24

«... pero el ocuparse del Espíritu es vida y paz»
(Ro 8.6, RVR1960).

R ecuerdo que, cuando era pequeña veía programas televisados que mostraban a niños de África que morían de hambre. Era impresionante para mí ver personas cuyos huesos se les marcaban por el nivel de desnutrición tan grande que tenían.

¿Saben qué? Creo que, si pudiésemos ver el espíritu de muchas personas, así como vemos el cuerpo, podríamos ver algo parecido a esa imagen que veía en la televisión. Muchas personas, incluyendo cristianos, no alimentan su vida espiritual, por lo que su espíritu está muy débil. Posiblemente, tendemos a tener mucho cuidado solo de nuestro cuerpo y mente, pero nosotros somos en realidad seres con espíritu, alma y cuerpo (1 Ts 5.23). Aunque todo nuestro ser puede experimentar la presencia de Dios, es a través de nuestro espíritu que nos comunicamos con Él. Así como, si dejamos de alimentar el cuerpo, este comienza a enfermarse y debilitarse, de la misma forma, si no alimentamos nuestro espíritu, comenzamos a debilitarnos espiritualmente.

LA HISTORIA DE UNA MUJER

Una mujer de unos cuarenta y tantos años entró a mi oficina de consejería pastoral y comenzó a relatarme una dolorosa historia de abusos sufridos desde su niñez. Desgarrada y sin esperanza, había intentado quitarse la vida, y de forma milagrosa no lo había logrado. Tan pronto llegó, me dijo que este proceso de consejería pastoral sería su último intento para levantarse de la aflicción en la que se encontraba. Semana tras semana, Gilda (seudónimo) avanzaba en el proceso. Comenzó a trabajar asuntos internos que por años había preferido ignorar, decidió perdonar a quienes la dañaron y pedir perdón a quienes ella había lastimado, fue radical en terminar relaciones que la estancaban en su proceso de crecimiento, y poco a poco fue convirtiéndose en una nueva mujer. Un día, al entrar en la oficina, me dijo unas palabras que realmente me emocionaron. Ella expresó que estaba experimentando una paz y alegría que no sabía que existían y, aunque aún vivía sola, ya no sentía la casa con aquel vacío que antes la consumía. ¿Qué le está sucediendo a Gilda? ¿Por qué ha comenzado a experimentar la presencia de Dios y el fruto de Su Espíritu Santo?

La realidad es que Dios siempre ha estado presente en su vida. Lo que hace que todo sea distinto es que ahora Gilda alimenta su espíritu, por lo que puede sentir la presencia de Dios y experimentar el fruto del Espíritu Santo. Cuando Gilda llegó a nosotros, ya había aceptado a Jesús como su Salvador personal, pero aún no sabía de la importancia de alimentar su espíritu. En el proceso de consejería pastoral, aprendió cómo hacerlo y su vida cambió. Hoy quiero invitarte a entrar en el mismo proceso que vivió Gilda para que aprendas a alimentar tu espíritu.

EL FRUTO DEL ESPÍRITU DE DIOS

«Pero el fruto del Espíritu es amor, gozo, paz, paciencia, benignidad, bondad, fe, mansedumbre, templanza; contra tales cosas no hay ley» (Gá 5.22-23, RVR1995).

Si el fruto del Espíritu Santo está conformado por todas estas cualidades mencionadas, entonces, ¿por qué, al igual que Gilda, podríamos vivir experimentando lo contrario? ¿Por qué podríamos estar continuamente en turbación en lugar de sentir paz, tristes en vez de gozosos, en incredulidad en lugar de llenos de fe?

Por otro lado, si el fruto del Espíritu incluye bondad, paciencia y mansedumbre, ¿por qué entonces nos puede estar dominando la maldad, la impaciencia o la ira? ¿Por qué, si somos convertidos, incluso ministros, se nos puede hacer tan fácil maldecir, decir malas palabras o hablar en contra del prójimo? ¿Por qué? Esto se debe a que, en lugar de alimentar nuestro espíritu, elegimos, muchas veces sin darnos cuenta, alimentar mucho más nuestra carne, hasta hacerla poderosa.

A fin de explicar ese principio claramente, te invito a imaginar tu espíritu y tu carne como dos seres que viven en tu interior. En la siguiente ilustración, tenemos el espíritu y la carne. Uno ha sido bien alimentado, por lo que ha crecido grande y fuerte, mientras que el otro no ha sido alimentado lo suficiente, por lo que está pequeño, débil y desnutrido.

Si esto representa tu vida espiritual, ante cada decisión que debes de tomar, ¿qué parte crees que te dominará: el fruto del Espíritu Santo o las obras de la carne? Sin duda las obras de la carne dominarán a pesar de que hayas aceptado a Jesús como Salvador personal. Si deseamos experimentar el fruto del Espíritu Santo en nuestra vida y tomar cada decisión basada en lo que Él desea, **es importante que, luego de recibir a Jesús en nuestro corazón, nos comprometamos a alimentar nuestro espíritu. Lamentablemente, hay personas que, luego de su conversión, no se comprometen a fortalecer su espíritu, por lo que nunca llegan a vivir a la altura de lo que representa la vida cristiana.**

¿CÓMO SE ALIMENTA EL ESPÍRITU?

El espíritu se alimenta de varias formas que te enseñaré a continuación. Antes de mencionarlas, es importante que entendamos que **necesitamos ser DISCIPLINADOS.** Así como posiblemente te disciplines en hacer ejercicios para fortalecer y poner en forma tu cuerpo, disciplínate para fortalecer tu espíritu.

1. El alimento

«Se le acercó el tentador y le dijo: —Si eres Hijo de Dios, di que estas piedras se conviertan en pan. Él respondió y dijo: —Escrito está: "No solo de pan vivirá el hombre, sino de toda palabra que sale de la boca de Dios"» (Mt 4.3-4, RVR1995).

Este pasaje nos muestra algo muy interesante. Jesús llevaba cuarenta días sin comer, por lo que debía tener mucha hambre. El enemigo aprovecha la necesidad de Jesús para tentarlo diciéndole que convierta una piedra en pan. Es entonces cuando Jesús plantea la realidad de otro alimento, la Palabra de Dios. El alimento del espíritu es la Palabra de Dios y es necesario exponernos a ella para que nuestro espíritu continúe creciendo y fortaleciéndose.

Muchas veces, las demandas de la vida nos dejan absortos y enfocados solo en la vida material. Otras veces, el simple hecho de no haber desarrollado el hábito de alimentar el espíritu hace que pasemos días, semanas, incluso meses, sin alimentar nuestro espíritu con la Palabra de Dios. Sería ingenuo de nuestra parte pensar que, sin exponernos a la Palabra de Dios, tendremos un espíritu fuerte y presto a escuchar la voz de Dios y obedecerle. Es por esto que es necesario que aprendamos a nutrirnos de la Palabra de Dios por todos los medios posibles.

Algunos consejos para alimentar nuestro espíritu de manera regular con la Palabra de Dios:

- Cada día, separa un tiempo para leer la Biblia y meditar en ella. Ten una libreta donde diariamente puedas escribir lo que Dios ministra a tu vida.
- Realiza estudios bíblicos semanalmente. Ten a la mano diccionarios bíblicos y comentarios de estudio con los que puedas profundizar en los textos bíblicos.

- No quiero que pienses que se trata de un esfuerzo académico. Por ejemplo, si estoy teniendo una lucha en algún área de mi vida, yo hago estudios bíblicos específicamente sobre ese tema. Supongamos que, en mi ambiente de trabajo, hay muchas personas que dicen malas palabras o murmuran de los demás. Estos son hábitos que podemos copiar fácilmente cuando pasamos demasiado tiempo expuestos a ellos. Lo que yo haría en un caso como ese es hacer estudios bíblicos sobre el chisme y las palabras soeces; de esa forma, fortalezco mi espíritu en esa área. Haciendo esto, procuro que la Palabra de Dios se mantenga viva y fresca dentro de mí para combatir cualquier hábito que me separe de la persona nueva que soy en Cristo.
- Asiste a los estudios bíblicos de tu congregación local o estudia en un instituto bíblico.
- Cuando viajas en automóvil, en lugar de ir escuchando noticias, identifica emisoras cristianas donde puedas escuchar la Palabra de Dios o adquiere la Biblia en audio.

Jesús nos mostró que la Palabra de Dios es
el alimento. No vivamos sin comerlo.

Si le dijeras a un nutricionista que en la mañana nunca sientes hambre, de seguro te dirá que, sin importar lo que sientas, tu cuerpo necesita nutrirse y desayunar. Sucede exactamente lo mismo con el espíritu. Aunque no tengas deseos de leer la Palabra, tu espíritu la necesita, por lo que debes comprometerte y alimentarte de ella.

UN MOMENTO PARA MÍ

Todos podríamos caer en el error de no alimentar nuestro espíritu con la Palabra de Dios. ¿Tienes el hábito de separar un tiempo para leer y meditar diariamente en la Palabra de Dios? ¿Cuánto tiempo de la semana separas para hacerlo por ti mismo o participar en estudios bíblicos?

_____

_____

_____

2. Vida consagrada

Tener una vida consagrada no es otra cosa que tener una sólida e íntima relación con Dios. Si hay algo que disfruto y me hace bien, es tener conversaciones genuinas con Dios. Cuando hablo de conversar en forma genuina, me refiero a que no cambio mi voz ni la entonación que tengo regularmente, no uso palabras rebuscadas ni tampoco me refiero a Él con palabras que ni yo misma entiendo. Solo soy yo misma, hablándole con honestidad a mi Señor. Yo sé que a veces la religión nos ha enseñado estilos, pero la verdad es que un padre puede sentirse orgulloso cuando su hijo, en una presentación en la escuela, se presenta formal y elocuente. Sin embargo, eso nunca se compara con la ternura de verlo en ropa de dormir, tiradito en su falda y hablándole con sencillez. No puedes olvidar que Dios es tu Padre y disfruta que te presentes ante Él tal y como eres. No pierdas esa relación natural y sencilla con tu Padre en lo íntimo de tu corazón.

Necesitamos pasar diariamente tiempo de calidad con Dios. La única forma de experimentar Su presencia es buscarla.

«Si me buscan de todo corazón, podrán encontrarme»
(Jer 29.13).

3. Congrégate y déjate pastorear

En una ocasión leí una historia sobre un pastor mayor que visitó a un feligrés que hacía tiempo no se congregaba. El pastor llegó a la casa, saludó con una tierna sonrisa y sin pronunciar palabra se acercó a la chimenea, que estaba encendida. Mirándola con detenimiento, separó un carbón de los demás y luego se sentó tranquilamente en la butaca mirando la chimenea. El hombre no entendía lo que el pastor hacía, pero, sabiendo que su pastor era un hombre muy sabio, permaneció en silencio observando con atención. A los minutos, el carbón que el pastor había separado de los demás se apagó. Entonces, el pastor se levantó y lo volvió a colocar cerca de los demás para que volviera a encenderse. El pastor miró con amor a su hijo espiritual, y el hombre le dijo: «Entendí pastor; sin falta volveré este domingo a congregarme». El pastor sonrió, tomó su sombrero y se marchó.

Si algo ha sido clave en la vida de la mujer de la que les hablé al inicio es que ella se congrega fielmente. Semana tras semana, servicio tras servicio, su espíritu se va fortaleciendo mientras escucha la Palabra, comparte testimonios con sus hermanos y adora al Señor junto con ellos. Por otro lado, ha descubierto la belleza y lo bueno de tener a alguien que la pastoree y enseñe.

4. Servir

Si hay algo que alimenta nuestro espíritu y nos hace crecer es servir como parte del cuerpo de Cristo. Recuerdo a una joven que llegó a nuestra congregación y rápidamente comenzó a servir en viajes misioneros. Las experiencias que iba construyendo por medio del servicio la hicieron alcanzar una madurez espiritual impresionante en corto tiempo.

El reino de Dios en la tierra se distingue porque sus miembros sirven y aman a los demás. De seguro que, en tu congregación, deben existir diversos ministerios que necesitan de tu colaboración y puedes integrarte. También te invito a orar para que Dios te haga sensible a cualquier necesidad que pueda existir y no esté siendo atendida en dicha congregación. Recuerda: Dios nos llamó a servir como parte de un cuerpo; siempre haz todo bajo la cobertura de tu pastor y disfruta de la belleza de servir como parte de un equipo que bendice a los demás y le da la gloria a Dios con su servicio.

5. Cuidado con lo que te expones

Cuando apenas estaba en la escuela secundaria, me encantaba escuchar y cantar la música de cierto cantante. Sin embargo, en una ocasión, comencé a prestar atención a la letra de una de sus canciones y me di cuenta de que, aunque me gustaba mucho la música y su voz, lo que decía era totalmente contrario a los principios de Dios. Pensé, entonces, en cuánta influencia negativa podría representar para mí el estar expuesta a esa letra una y otra vez. Algo similar me sucedió con una serie de televisión que me gustaba mucho. La serie era divertida, pero comenzaron a presentar estilos de vida que sabía que están en contra de lo que Dios establece, por lo que, siendo a penas una jovencita y sin tener a nadie que me obligara a renunciar a estas cosas, decidí no exponerme más a esta serie ni a aquella música. ¿Por qué lo hice? Claramente, el Espíritu Santo estaba abriendo mis ojos para ver que, si a pesar de la lucha constante que tenemos con la carne y las fuertes tentaciones que llegan a nuestra mente, yo elijo llenarme de aquello que Dios ha establecido como pecado, ¿a dónde voy a parar?

Es necesario que entendamos que cada canción que elegimos escuchar, cada película o serie que decidimos ver, cada imagen a la que nos exponemos alimentará nuestra carne o nuestro espíritu. Escoge solo aquello que alimente tu espíritu para que sea Él quien siempre domine tu carne y puedas gozar de los frutos hermosos que te dará el tener una vida sujeta al Espíritu de Dios. Recuerda que es Dios quien quiere lo mejor para ti, no el mundo.

«Porque la mente puesta en la carne es muerte, pero la mente puesta en el Espíritu es vida y paz» (Ro 8.6, LBLA).

Es mi deseo que, al poner en práctica lo que te he enseñado, tú también puedas decir, como aquella mujer que entró en mi oficina: «Estoy experimentando un gozo y una paz que no sabía que existían».

UN MOMENTO PARA MÍ

Repasa los cinco puntos que hoy te he enseñado para alimentar tu espíritu y escribe a continuación, ¿cuál te falta practicar con regularidad? ¿Qué decisiones vas a tomar al respecto?

_____

_____

_____

Oración: «Señor, qué privilegio me das al concederme experimentar tu presencia y que el fruto de tu Espíritu se manifieste en mi vida. Hoy me comprometo con disciplina y amor a alimentar mi espíritu para hacerlo crecer. Por Jesús. Amén».

Escribe en tus propias palabras lo que quisieras decirle en este momento al Señor:

_____

_____

_____

_____

Piensa en al menos tres decisiones que debas tomar basado en lo que has aprendido hoy:

1. _____

2. _____

3. _____

No renuncies a Su amistad.

Mi fiel amigo

Capítulo 25

«Infundiré mi Espíritu en ustedes…»
(Ez 36.27, NVI).

Ricardo y Luis eran compañeros de trabajo. Cuando Ricardo llegó a la compañía, hace veinte años, le asignaron a Luis como su mentor y colaborador. Sin embargo, Ricardo siempre había sido una persona muy independiente, por lo que nunca fue muy abierto a recibir la ayuda de Luis. Por años, trabajaron en cubículos contiguos, sin que hubiese mucha comunicación entre ellos, a pesar de los múltiples intentos de Luis por acercarse a Ricardo.

Una mañana, cuando Ricardo llegó a la oficina, se encontró con la triste noticia de que Luis había fallecido. Durante los actos fúnebres, una viuda bastante mayor contó a todos el difícil momento por el que atravesó cuando, hace unos años, tras el fallecimiento de su esposo, estuvo a punto de perder su casa, pero Luis intervino y se hizo cargo de la deuda. Hoy tenía su casa gracias a la ayuda que Luis le había brindado en ese momento difícil. Luego, un hombre tomó la palabra y contó que, en medio de la enfermedad de su esposa, Luis había estado con él, brindándole la fortaleza que tanto necesitaba. Por último, un gerente de la compañía donde trabajaban contó lo difícil que fue para él, cuando recién llegó a la compañía, poder mantenerse en el nuevo trabajo, ya que enfrentó mucho rechazo y resistencia por parte de los empleados. Sin embargo, Luis fue ese buen amigo que lo recibió con cariño y lo guio en el proceso.

Al finalizar los actos fúnebres, Ricardo pensó en todos los momentos en los que había necesitado apoyo y un amigo sincero. Sin embargo, a pesar de que Luis siempre estuvo allí ofreciéndole su amistad, él siempre había mantenido distancia. «Cuán solo he estado todos estos años, a pesar de que tenía un gran amigo a mi lado. Y ahora, ¡se ha ido!», pensó Ricardo.

NUESTRA REALIDAD

La historia que acaban de leer no está lejos de ser la historia de cada creyente. A nosotros se nos ha concedido el regalo de la amistad más fiel que encontraremos sobre la faz de la tierra. Un ser capaz de consolarnos, enseñarnos, guiarnos y cuidarnos. Su poder trasciende las limitaciones humanas y es capaz de hacer todas estas cosas, no desde el exterior, sino desde el interior de tu ser. Su amor por ti trasciende tu fidelidad y su objetivo es claro: llevarte hasta la meta como ganador. Si, a mitad de carrera, te cansas, Él te animará; si te lastimas, te sanará; cuando te embargue el dolor, te consolará; cuando sientas que no puedes más, te llenará de fuerzas; si pierdes el camino, te mostrará la dirección para volver a Él; y, si te agobian el cansancio o la falta de fe en ti mismo, te tomará en Sus brazos y te mostrará cuán grandes y fuertes son Sus alas. ¡Tú no estás solo! Te ha sido concedido el amigo más fiel sobre la faz de la tierra, pero, al igual que Ricardo, podrías tenerlo a tu lado toda la vida, pero decidir vivir independiente de Él e ignorando Su amistad.

Hoy te mostraré lo que revelan las Escrituras sobre el Espíritu Santo para que camines y vivas consciente de Su amistad.

ESPÍRITU SANTO

«Pero les digo la verdad: Les conviene que me vaya porque, si no lo hago, el Consolador no vendrá a ustedes; en cambio, si me voy, se lo enviaré a ustedes» (Jn 16.7, NVI).

¡Qué extrañas me hubieran resultado estas palabras pronunciadas por Jesús en el Evangelio de Juan si hubiera estado delante de Él junto a los discípulos cuando las pronunció! Conozco al Dios verdadero, un hacedor de milagros, uno que me inspira con cada mensaje a ser mejor persona, uno cuya mirada me desarma con Su amor y, entonces, de repente, me dice: «Christy, te conviene que yo me vaya». ¿Qué? ¿Cómo? Discúlpame, pero no entiendo.

Verás, Jesús vino a la tierra como un ser humano. Un ser humano no puede vivir dentro de otro, a menos que sea un bebé en el vientre de su madre. Fuera de esto, es imposible que una persona viva dentro de mí. Puedo verte cada mañana, estar contigo la mayoría del tiempo y experimentar tu amistad, pero tú no puedes vivir dentro de mí. Eso es limitante porque, por más que ame a Jesús o trate de entender o experimentar lo que Él vive, la realidad es que no puedo hacerlo; por más que lo ame y lo anhele, tampoco puedo vivir a la altura de la santidad que Él vive; sola no puedo. Y es justamente por esto que Jesús nos habla de Uno que sí puede venir a morar dentro de nosotros para que al fin podamos vivir como Él quiere y experimentemos la hermosura de vivir en Dios plenamente.

El Espíritu Santo es la oportunidad de tener a Dios mismo en nosotros. Te lo explicaré con más detalle. Jesús es *Emanuel*, que significa 'Dios CON nosotros', pero el Espíritu Santo es 'Dios EN nosotros'. Si logramos entender esta importante realidad espiritual, entonces podremos decir con emoción: «¡Qué gran privilegio se nos ha concedido! ¡El Dios Santo, Único, Verdadero vive nada más y nada menos que en _____!» (escribe tu nombre).

Me gustaría hacer un paréntesis para señalar que Satanás, a pesar de que no ha tenido éxito, siempre ha querido imitar a Dios. Por eso, una de las mayores metas de Satanás es que los demonios no solo lancen dardos a la mente de los humanos, sino que ocupen el cuerpo, imitando lo que hace el Espíritu de Dios. De esta forma, Satanás no solo logrará lastimarte desde afuera, sino también desde adentro. Por eso, es necesario tener muy bien cerradas las puertas de cada área de nuestra vida, comprometiéndonos a vivir una vida que honre a Cristo.

EL CONSOLADOR EN EL ANTIGUO TESTAMENTO

¿Quién es y qué hace el Espíritu Santo? La primera vez que leemos sobre Él es en el inicio mismo de la creación de Dios, en el segundo versículo de la

Biblia: «… y el Espíritu de Dios se movía sobre la faz de las aguas» (Gn 1.2, RVA-2015). Dios no espera mucho tiempo para presentarnos al ser más importante que vivirá dentro de nosotros, Sus hijos.

En el Antiguo Testamento, podemos observar el poder sobrenatural del Espíritu Santo y cómo puede manifestarse de distintas formas. Les mostraré a continuación algunos eventos en los que vemos la increíble obra del Espíritu de Dios.

En primer lugar, lo vemos en la creación. Hace un tiempo, mi esposo y yo fuimos al Museo del Creacionismo en el estado de Kentucky. Una de las presentaciones que más me asombraron fue la película en 4D de la creación del mundo. A veces, leemos sobre la creación y no logramos captar la sobrenaturalidad de cómo la física, la química y la biología se doblegan al poder creador y milagroso del Dios todopoderoso e infinito. El Espíritu Santo estuvo en el mismo epicentro del acto creativo; antes de que las flores existieran, antes de que el sol fuera creado, antes de que la tierra germinara y diera fruto, allí estaba moviéndose el Espíritu Santo.

Su obra asombrosa se manifiesta en toda la creación, incluyendo los seres humanos. Un ejemplo de esto lo encontramos en las Escrituras en la increíble historia de Sansón.

En el Libro de Jueces, el pueblo de Dios sufría en mano de los filisteos (caps. 13–16). Dios decidió levantar a un hombre llamado Sansón para que liberara a Su pueblo de los enemigos. Sin embargo, como sabemos, un guerrero, por más fuerte que fuera, no podría por sí solo destruir a miles de hombres, por lo que Dios enviaría Su Espíritu Santo para manifestar Su poder sobrenatural a través de él.

> «… los filisteos salieron gritando a su encuentro; pero el Espíritu de Jehová vino sobre él, y las cuerdas que estaban en sus brazos se volvieron como lino quemado con fuego, y las ataduras se cayeron de sus manos. Y hallando una quijada de asno fresca aún, extendió la mano y la tomó, y **mató con ella a mil hombres**» (Jue 15.14-15, RVR1960, énfasis propio).

¡Un solo hombre mató a mil guerreros porque el Espíritu Santo le dio la fuerza para defender a su pueblo!

Sansón mostró, en distintos momentos en su vida, una fuerza sobrenatural al manifestarse el poder del Espíritu de Dios sobre él. El Espíritu Santo no moraba de forma permanente en Sansón ni en ningún otro hombre o mujer. Sin embargo, ya era evidente que el Espíritu de Dios podía venir sobre el ser humano para hacer una obra extraordinaria.

Más adelante, nos encontramos con otro personaje muy importante en la historia del pueblo de Israel. Dios escogió a un pastor de ovejas, afirmó que era un hombre «conforme a su propio corazón» (1 S 13:14) y dispuso que gobernaría a Su pueblo. El Espíritu Santo vino sobre él cuando fue escogido para esta función.

«Al estar David de pie entre sus hermanos, Samuel tomó el frasco de aceite de oliva que había traído y ungió a David con el aceite. **Y el ESPÍRITU DEL SEÑOR vino con gran poder sobre David a partir de ese día**» (1 S 16.13, énfasis propio).

Pasados los años, ya ocupando el lugar de rey, David pecó contra Dios e hizo esta oración: «No me eches de delante de ti, y no quites de mí tu santo Espíritu» (Sal 51.11, RVR1960). Es evidente que David experimentaba al Espíritu Santo y no quería perderlo por los pecados cometidos. ¡Cuán deseable es el Espíritu de Dios para los que lo hemos experimentado! E incluso quienes nunca han sentido Su presencia saben que hay algo que les falta en su vida porque fuimos creados para que el Espíritu de Dios habite en nosotros: «... su cuerpo es el templo del Espíritu Santo...» (1 Co 6.19).

El Espíritu Santo vino sobre David con el propósito de ayudarlo a dirigir al pueblo, al igual que sobre Sansón para liberarlos, así como en el principio para crear de la nada un extraordinario mundo. El Espíritu Santo tiene poder sobrenatural, uno que ningún ser humano siquiera puede imaginar, pero, además, también muestra Su bondad y amor para con nosotros porque Su incomparable poder es usado para nuestro bien.

UN SER CON EL QUE PODEMOS CONTAR

Después de la época de Sansón y David, si avanzamos hasta un tiempo muy posterior y nos trasladamos a Nazaret, nos encontraremos en la residencia de una joven virgen llamada María. Ella fue escogida por Dios para traer al mundo al Salvador, no solo de los judíos, sino de todo aquel que creyera en Él y lo confesara como su Señor y Salvador. Como ya sabemos, el Espíritu Santo siempre es enviado a ejecutar el extraordinario plan de Dios, por lo que nuevamente veremos cómo se pone en acción Su infinito poder.

> «Respondiendo el ángel, le dijo: El Espíritu Santo vendrá sobre ti, y el poder del Altísimo te cubrirá con su sombra; por lo cual también el Santo Ser que nacerá, será llamado Hijo de Dios» (Lc 1.35, RVR1960).

El Espíritu Santo puede romper todas las reglas de la ciencia y hacer lo inexplicable. Puede crear un mundo a partir de la nada, puede hacer que un hombre tenga la fuerza para destruir a miles, puede transformar un simple pastor de ovejas en un gran rey y puede hacer que una virgen conciba un hijo. ¡Así de maravilloso es el poder del Espíritu de Dios!

UN MOMENTO PARA MÍ

¿Qué obra extraordinaria y sobrenatural necesitas que el Espíritu Santo haga en ti? Escríbelo y aprovecha este momento para pedírselo ahora con todo tu corazón. Él está aquí para ti.

_____

_____

_____

¡Qué maravilloso es saber que contamos con el Espíritu Santo! Qué importante es conocerlo para permitir que haga Su obra perfecta y completa en nuestra vida.

Al principio te presenté a Luis, una persona con cualidades extraordinarias que ayudaba a sus amigos. Sin embargo, Ricardo, a pesar de que necesitaba tanto de alguien fiel en medio de los procesos de la vida, dejó pasar la oportunidad de contar con esa maravillosa amistad. No nos neguemos nosotros también a conocer al Espíritu Santo; no vivamos sin Su ayuda y Su poder. En el próximo capítulo, conoceremos más de Él.

Oración: «Espíritu Santo, deseo que me des el privilegio de conocerte más cada día. Siento que necesito mucho de ti y de tu ayuda. Será un verdadero regalo y alivio que me acompañes cada día de mi vida. Te pido que me ayudes a ser consciente de tu amistad. Por Jesús. Amén».

Escribe en tus propias palabras lo que quisieras decirle en este momento al Señor:

_____

_____

_____

Piensa en al menos tres decisiones que debas tomar basado en lo que has aprendido hoy:

1. _____

2. _____

3. _____

¡Qué inmenso regalo nos ha dado Dios
al darnos a Su Santo Espíritu
para que viva en nosotros!

El Espíritu Santo

Capítulo 26

«Y yo le pediré al Padre,
y él les dará otro Consolador
para que los acompañe siempre»
(Jn 14.16, NVI).

En el capítulo pasado echamos un vistazo a la extraordinaria obra que el Espíritu Santo ha hecho en el pasado. Hoy quiero invitarte a pensar en esta poderosa verdad: ese Espíritu que estuvo en la creación de la tierra, que depositó una fuerza sobrenatural en un hombre para defender a Su pueblo, que convirtió a un simple pastor en un gran rey y puso la vida de Cristo en una virgen ¡VIVE EN TI!

Oro que sea el mismo Espíritu Santo quien revele esta verdad a tu vida mientras te presento parte de la obra maravillosa que quiere hacer en cada uno de nosotros en este tiempo.

¿QUÉ HACE EL ESPÍRITU DE DIOS EN NUESTRA VIDA?

1. Te levantará a la eternidad

Lee con atención los siguientes versículos:

«Y Cristo vive en ustedes; entonces, aunque el cuerpo morirá por causa del pecado, el Espíritu les da vida, porque ustedes ya fueron declarados justos a los ojos de Dios. El Espíritu de Dios, quien levantó a Jesús de los muertos, vive en ustedes; y así como Dios levantó a Cristo Jesús de los muertos, él dará vida a sus cuerpos mortales mediante el mismo Espíritu, quien vive en ustedes» (Ro 8.10-11).

¡Qué extraordinario! ¿Puedes imaginar un poder más grande que ese? Si ya es demasiado extraordinario crear a un ser humano en el vientre de la madre y llenarlo de vida, ¡cuánto más es hacer que ese ser pueda vivir por la eternidad!

Así como el Espíritu Santo con Su poder levantó a Jesús de la muerte, también te levantará a ti.

Piensa detenidamente en esto: un día tú y yo dejaremos de respirar, nuestro corazón dejará de latir; entonces, nos declararán muertos. Colocarán nuestro cuerpo mortal en una caja y en la lápida estará escrito cuándo nacimos y cuándo morimos. Aparentemente, todo acaba allí. Sin embargo, algo que el mundo terrenal no entiende comienza a suceder en los cielos, en el lugar donde fuiste pensado y diseñado. El Dios que sopló aliento de vida sobre ti para que fueras un ser viviente envía Su Espíritu Santo para levantar tu espíritu a la eternidad. ¡Tú fuiste creado para vivir por siempre! Y, aunque el pecado trajo consigo la muerte, todo aquel que crea y acepte a Jesús como su Salvador personal recibirá el regalo de la vida eterna.

Recuerdo una historia que leí hace algunos años. Un hombre mayor se levantó muy temprano y le pidió a su hija que le preparara dos huevos con unas tostadas porque ese día él desayunaría con ella, pero cenaría con Jesús. Cuando la hija escuchó a su padre decir estas palabras, no entendió por qué su padre dijo que cenaría con Jesús. Sin embargo, esa tarde su padre murió.

El Espíritu nos da testimonio de que somos hijos de Dios y coloca en nosotros la convicción de la vida eterna. Aunque no todos tendremos la experiencia de sentir el momento en el que seremos levantados a la eternidad, todos sí podemos tener la convicción de que, indistintamente del tiempo, llegado el momento determinado, iremos a morar con el Señor. Jesús dijo: «En el hogar de mi Padre hay muchas viviendas; si no fuera así, ya se lo habría dicho a ustedes. Voy a prepararles un lugar» (Jn 14.2, NVI).

UN MOMENTO PARA MÍ

¿Estás listo para que, llegado el momento, seas levantado por el Espíritu Santo a la vida eterna? Si no es así, te invito a tomar un momento para ponerte a cuentas con el Señor. Puedes escribir lo que deseas decirle a continuación:

_____

_____

_____

Así como, cuando aceptaste a Jesús, el Espíritu Santo le dio vida a tu espíritu muerto, también cuando muramos en nuestros cuerpos mortales el Espíritu Santo nos resucitará.

2. El Espíritu Santo nos empodera para llevar a otros a Jesús

El amor de Dios siempre nos lleva a dar a otros. Por eso, la salvación no es algo que solo debemos anhelar para nosotros, sino para todos los que nos rodean.

«Pero recibirán poder cuando el Espíritu Santo descienda sobre ustedes; y serán mis testigos, **y le hablarán a la gente acerca de mí en todas partes...**» (Hch 1.8, énfasis propio).

¡No hay un regalo más grande y preciado que la vida eterna! Si tú amas a alguien, puedes regalarle muchas cosas valiosas, pero no podrá llevar ninguna de ellas a la eternidad. En la tierra todo tiene fecha de caducidad, incluso los milagros de sanidad y los prodigios más extraordinarios. Pensemos en Lázaro: si hay un milagro extraordinario es que un muerto resucite. Lázaro era un amigo de Jesús que fue resucitado por Él. Sin embargo, ¿Lázaro continúa vivo en la tierra? La respuesta es no. Aunque resucitó, luego, como todos los seres humanos, murió. Por eso, el milagro más grandioso que alguien puede recibir no son las sanidades ni los prodigios, sino la vida eterna.

La salvación es el único regalo eterno

Considerando esto, si hay un poder que Dios quiere manifestar en nuestra vida, es que hablemos a la gente acerca de Él para que sean salvos.

La Biblia nos enseña que, cuando la iglesia recibió al Espíritu Santo en Pentecostés (Hch 2.3-4), inmediatamente los creyentes comenzaron a hablar acerca de Jesús en otros idiomas que no conocían. ¡Qué extraordinaria verdad! ¡Imagina si de repente comenzaras a hablar de Jesús y su amor en mandarín, alemán o alguna otra lengua que no conoces para que los que hablan esos idiomas entiendan y puedan ser salvos! ¡Ese es el poder de Dios en acción para salvar al mundo!

Si el poder de Dios se manifiesta de forma tan sobrenatural en Sus hijos a través de Su Espíritu Santo, entonces no tengas miedo de hablar a otros de Jesús. No dudes en dar una palabra de consuelo, mostrar Su amor o hacer una oración; no te detengas por pensar que nada sucederá. El Espíritu de Dios está sobre ti y te ha enviado a hacer estas cosas. Su poder se manifestará en ti; tú solo sé obediente.

El Espíritu Santo está en ti para salvar

«**El Espíritu del Señor omnipotente está sobre mí,** por cuanto me ha ungido para anunciar buenas nuevas a los pobres. Me ha enviado a sanar los corazones heridos, a proclamar liberación a los cautivos y libertad a los prisioneros» (Is 61.1, NVI, énfasis propio).

UN MOMENTO PARA MÍ

Todos en algún momento podríamos sentirnos demasiado intimidados para hablar a otros de Jesús. ¿Qué crees que te impide hablar a otros de Dios?

- Temor a ser rechazado o a que se burlen
- Soy una persona tímida y no hablo mucho
- No pienso mucho en la eternidad de las personas
- Aunque me cueste aceptarlo, creo que me concentro más en mí y en mis situaciones que en los demás
- Otro: _____

¿Crees que la salvación de una persona es lo suficientemente importante como para que superes lo que te ha detenido hasta hoy? Si es así, ¿qué crees que deberías hacer de hoy en adelante?

_____

_____

_____

3. El Espíritu Santo nos llena de esperanza y consuelo

Unos años atrás, un amigo perdió a su padre. Él era un hombre relativamente joven, deportista, lleno de salud, sin ninguna enfermedad. Sin embargo, una mañana le dio un ataque cardiaco, cayó al suelo y murió. Mi abuelito asistió al funeral e hizo algo que personalmente me sorprendió. Mi abuelo es un hombre formal, sabio y muy respetuoso, por eso yo no podía creer que, cuando pidieron a todos los presentes que salieran de la sala para que solo la familia del difunto pudiera dar su último adiós, mi abuelito se quedó dentro y no salió. Por el contrario, les dijo que necesitaba hablar con ellos. Como es lógico, muchos de ellos estaban llorando y demasiado tristes, pero escucharon a mi abuelito con atención. Él les dijo que, durante toda su vida, había sufrido pérdidas muy significativas y que solo había conocido a Uno capaz de brindar el consuelo para semejante dolor: el Espíritu Santo de Dios.

«Que el Dios de la esperanza los llene de toda alegría y paz a ustedes que creen en él, **para que rebosen de esperanza por el poder del Espíritu Santo**» (Ro 15.13, NVI, énfasis propio).

Como bien lo dijo mi abuelito en aquel funeral, el Espíritu Santo tiene el poder para que rebosemos de esperanza. Los momentos tristes podrían tratar de arrancarnos la fe y hasta las ganas de vivir. Sin embargo, el Espíritu de Dios tiene la capacidad de consolarnos por encima de toda tristeza, pérdida o decepción. Él está con nosotros en cada momento de nuestra vida y tiene el poder sobrenatural de brindar a los hijos de Dios aquello que necesitan para poder continuar esta carrera. Ciertamente, no estamos solos.

«Y yo le pediré al Padre, y él les dará otro Consolador para que los acompañe siempre» (Jn 14.16, NVI).

Cuando te sientas triste o desesperanzado, recuerda que el Consolador vive dentro de ti y Él es suficiente para cubrir tu necesidad con Su poder.

UN MOMENTO PARA MÍ

¿Tienes alguna necesidad que necesites que el Espíritu Santo supla hoy? Pídele al Padre, en el nombre de Su hijo Jesús, que supla aquello que tanto necesitas a través de Su Espíritu. Escribe lo que anhelas a continuación:

_____

_____

4. El Espíritu Santo nos guía a la verdad y nos redarguye

Nos guía a la verdad

Luis cursaba estudios en ciencias sociales en la universidad y casi diariamente tenía que enfrentar los argumentos de su profesor ateo. Algunos de ellos parecían lógicos, y muchos alumnos se dejaban engañar por el profesor. Sin embargo, Luis oraba a Dios para que su fe no menguara.

> «Pero cuando Él, el Espíritu de verdad, venga, os guiará a toda la verdad...» (Jn 16.13, LBLA).

Si queremos ser llenos de la verdad de Dios y no dejarnos llevar por las vertientes del mundo, necesitamos pedir al Espíritu Santo que nos guíe a la verdad en cada área de la vida. El mundo puede presentarnos una cosmovisión errada no solo en el área académica, sino también en cómo manejamos nuestras finanzas, cuáles son los entretenimientos que debemos aceptar, cómo debemos manejar la sexualidad, entre muchos otros temas. Es necesario que sea la Palabra de Dios la que rija nuestra vida y no la forma en la que otros piensan o viven. Para lograrlo, necesitamos continuamente exponernos a la verdad de Dios y pedirle que nos llene de Su sabiduría y discernimiento para que, guiados por Su Espíritu Santo, no seamos engañados.

Nos redarguye

> «Y cuando Él venga, convencerá al mundo de pecado, de justicia y de juicio...» (Jn 16.8, LBLA).

La verdad no solo está relacionada con lo externo, sino también con nuestro interior, con quienes somos. Cuando hay algo en nuestra vida que no está bien, nadie puede convencernos de pecado, excepto el Espíritu de Dios. *Nuestra terquedad, egoísmo, orgullo, y autodefensas siempre descubrirán un camino seguro para la negación o la autojustificación.* Sin embargo, Dios nos ha dado el privilegio de tener a Su Espíritu Santo, que nos revela la verdad. Este tiene el poder para mostrarnos cuán asqueroso es nuestro pecado y el dolor que le causa a Dios. Sin duda, podrá utilizar alguna conversación íntima, predicación o canción para redargüirnos, pero realmente ningún ser humano puede llevar a otro al arrepentimiento: solo puede hacerlo el Espíritu de Dios. Un ser humano puede hacerte sentir culpable o tocar tus emociones por un instante, pero la convicción que devuelve nuestra mirada a Cristo es una obra que solo la hace el Espíritu Santo.

¡Gracias, Padre, por tu Santo Espíritu!

UN MOMENTO PARA MÍ

Te invito a tomar unos minutos para pedirle al Espíritu Santo que te muestre cualquier área de tu vida en la que necesites establecer Su verdad. Toma unos minutos para escuchar al Espíritu y escribe aquello que te revele.

_____

_____

_____

5. Nos empodera para amar

Hace un tiempo escuché a un amigo decir: «Yo lo que quiero es ser fiel a Dios y, para ser fiel a Dios, tengo que amar a mis hermanos». ¡Qué gran verdad, pero también qué desafiante!

La realidad es que todos nosotros somos diferentes; tenemos personalidades distintas, venimos de diversos entornos, vemos las cosas diferentes, por lo que las relaciones se pueden volver algo difíciles. Nos podemos sentir ofendidos, malinterpretar algún comentario o gesto, tener una versión distinta de una misma historia… ¡es un lío!

En medio de toda esa diversidad, Dios ha llamado a Su pueblo a estar UNIDO; sin embargo, me temo que esa unidad no se puede lograr sin amor, y ese amor no se puede lograr sin el control del Espíritu Santo sobre nuestras vidas.

La buena noticia es
que... ¡LO TENEMOS!

«Le pido que, **por medio del Espíritu y con el poder** que procede de sus gloriosas riquezas, los fortalezca a ustedes en lo íntimo de su ser, para que por fe Cristo habite en sus corazones. Y pido que, **arraigados y cimentados en amor**, puedan comprender, junto con todos los santos, cuán ancho y largo, alto y profundo es el amor de Cristo; en fin, que conozcan ese amor que sobrepasa nuestro conocimiento, para que sean llenos de la plenitud de Dios» (Ef 3.16-19, NVI, énfasis propio).

Dios no nos lanza a vivir arraigados y cimentados en amor sin que antes hayamos comprendido cómo es Su amor o sin habernos dado Su Espíritu Santo, para que, por medio de Su poder, podamos imitarlo. El amor que tú y yo por nuestra imperfección jamás podríamos dar a otros hoy es posible por medio del poder del Espíritu Santo que habita en ti y en mí. Cada vez que pienses que no toleras a un hermano, recuerda que dentro de ti vive Aquel que tiene el poder para que puedas soportarlo en amor. Un amor genuino que no juzga ni habla mal del otro, que no hace nada indebido, que no envidia ni guarda rencor. Recuerda que el fruto del Espíritu que vive en nosotros incluye la paz, la templanza y la bondad.

Tenemos al Espíritu de Dios para amar como debemos

La Biblia dice: «Pues, si ustedes, aun siendo malos, saben dar cosas buenas a sus hijos, ¡cuánto más el Padre celestial dará el Espíritu Santo a quienes se lo pidan!» (Lc 11.13, NVI). Hoy quisiera que nuestra oración fuera dirigida a pedirle a nuestro Padre celestial que nos llene de Su Espíritu Santo.

Oración: «Padre, anhelo que llenes mi vida con tu Espíritu Santo y me hagas consciente de Su presencia en mi vida. Te pido que me gobierne y se manifieste en mí y a través de mí. En el nombre de Jesús. Amén».

Escribe en tus propias palabras lo que quisieras decirle en este momento al Señor:

_____

_____

_____

Piensa en al menos tres decisiones que debas tomar basado en lo que has aprendido hoy

1. _____

2. _____

3. _____

Aunque nadie más vea, Dios lo ve.

Aunque no lo merezcan

Capítulo 27

*«Así que, hermanos míos amados, estad firmes y constantes,
creciendo en la obra del Señor siempre,
sabiendo que vuestro trabajo en el Señor no es en vano»*
(1 Co 15.58, RVR1960).

Julia era una líder de jóvenes muy esforzada. Cada fin de semana, en lugar de ir de compras o al cine, lo dedicaba a preparar la enseñanza que compartía en las reuniones de jóvenes. La dulce joven llevaba palomitas de maíz y helado, preparaba dinámicas y utilizaba muchos recursos para hacer la enseñanza divertida. En cierta ocasión, preparó una actividad en la que cada joven debía llevar a un amigo inconverso con el fin de evangelizarlo. Tras meses de preparación, llegó el día del evento. Todo estaba hermoso; el salón donde hacían las reuniones semanales lucía totalmente diferente con la nueva decoración. Los chicos del grupo de arte estaban listos para las participaciones especiales. ¡Julia estaba emocionada! Sin embargo, esa noche no llegaron invitados; además, la mitad de su grupo de jóvenes no asistió a la actividad.

Al terminar la reunión, un joven se acerca a Julia y le deja saber que la mayoría de los jóvenes no habían asistido porque fueron a ver el estreno de una película de superhéroes que les gusta mucho. «¡Tanto tiempo y esfuerzo planificando esta actividad, y los jóvenes se fueron a ver una película!». Julia se llenó de rabia, dolor e indignación. «¡Nadie valora mi esfuerzo!», «¡Esto no vale la pena!», «Voy a renunciar a esta posición», fueron los pensamientos que embargaron a Julia esa noche.

Muchos de nosotros hemos pasado por la dolorosa experiencia de dedicar nuestro tiempo, esfuerzo y amor a personas que no lo han valorado. Y esto no sucede solamente en la iglesia, sino en muchos ámbitos de nuestra vida. Quizás vienen a tu mente momentos en los que has servido incondicionalmente a familiares o amigos y no lo han apreciado. En lugar de agradecimiento, has encontrado altivez; en lugar de honrarte, han hablado en contra tuya; en lugar de seguir lo que les has enseñado, han vivido conforme a su voluntad y han causado dolor en su vida y en la tuya, porque los amas. Tras esas experiencias, es lógico que surjan en nuestra mente pensamientos como los que tuvo Julia aquella noche.

UN MOMENTO PARA MÍ

¿Puedes pensar en algún momento específico en el que tu esfuerzo, dedicación o amor no fueron valorados? Toma tu tiempo para expresar cómo te sentiste y qué pensamientos pasaron por tu mente.

_____

_____

_____

_____

Dios tiene algo que decir ante cada decepción de la vida y, como Él mismo ha experimentado esa emoción, podemos confiar en que lo que nos dirá tiene el potencial de cambiar la forma en la que pensamos, amamos y vivimos.

¿POR QUÉ HACEMOS LO QUE HACEMOS?

Tengo el privilegio de dirigir un ministerio llamado Redes. Por medio de las artes y presentaciones de neurociencia, enseñamos a los jóvenes lo que sucede en el cerebro cuando se consumen drogas. Como todo lo que hacemos, esta no es solo una actividad de prevención del consumo de drogas, sino que también es un tiempo de evangelización.

Con frecuencia me han preguntado por qué hacemos esto si no hay ganancia económica. ¿Por qué invertir de nuestro tiempo, dinero, talentos y conocimiento en estos chicos?

Ante esa pregunta, podrían surgir muchas respuestas. Algunos podrían pensar que lo hacemos porque creemos en esta generación, porque entendemos que salvaremos a la mayoría de los jóvenes de caer en las drogas o porque ellos valorarán nuestro esfuerzo y se mostrarán agradecidos. La realidad es que ninguna de esas es la respuesta correcta. La verdad es que desconocemos las decisiones que los chicos tomarán a corto o largo plazo. Por otro lado, sabemos que hay personas que lo valorarán y hay quienes no lo harán.

¿Cuál es la verdadera respuesta? ¿Por qué nos esforzamos tanto? ¿Por qué invertimos tanto? Lo hacemos por OBEDIENCIA. Dios nos dio a cada uno de nosotros, Sus hijos, una encomienda llamada la Gran Comisión: «Id, y haced discípulos...» (Mt 28.19, RVR1960).

Ahora, permíteme referirme a mí en tercera persona para explicar lo que quiero decir. Cuando Christy hace lo que hace, no lo hace esperando un resultado porque, si ella lo hiciera esperando un resultado, seguramente abandonaría su misión. Los resultados no siempre son los que ella espera, incluso a veces son todo lo opuesto a lo que merece su esfuerzo; así que, la única forma en que Christy puede seguir haciendo lo que Dios le mandó hacer es hacerlo por obediencia.

¿Cuál es mi motivación?
Mi motivación es obedecer a Cristo.

Cuando vayas a sembrar algo bueno en alguien, cuando críes a tus hijos, cuando decidas amar o invertir tu vida en otros, no lo hagas pensando en el fruto que esa persona dará porque el fruto no siempre se dará como tú lo quieres o esperas. Hazlo por obediencia. Eso es lo que nos enseña Jesús.

«Se rebajó a sí mismo hasta morir POR OBEDIENCIA
y morir en una cruz»
(Fil 2.8, BLP, énfasis propio).

Fíjate bien en este versículo: Dios no me está diciendo que Jesús se rebajó a sí mismo para que el ser humano se salvara, lo valorara o lo amara porque la realidad es que no todo el mundo va a valorar lo que hizo Jesús, no todo el mundo va a amar a Jesús y no todo el mundo va a escoger ser salvo por Jesús. ¡Jesús lo hizo por obediencia! Aunque no me ames, estoy enfocado en la obediencia; aunque no lo valores estoy enfocado en la obediencia; y, aunque la gente no pueda pagarme por lo que estoy haciendo, estoy enfocado en la obediencia.

Seguir el ejemplo de Jesús es lo que hace que yo continúe haciendo lo que Dios me ha llamado a hacer. ¡Yo no sé si esto es tan grande para ti como lo es para mí, pero esta verdad me quita un gran peso de encima! *Ahora tu siembra no consistirá en esperar una cosecha humana; más bien, en la satisfacción de estar haciendo lo que Dios nos mandó hacer.*

¿CÓMO ES MI AMOR?

En ocasiones, no hacemos lo que Dios nos manda hacer por temor.

Un hombre cristiano fue invitado a participar en un ministerio que trabajaba con adictos en rehabilitación. Él anhelaba ayudar y aportar, pero un pensamiento lo detuvo: «Y, si luego de involucrarme con estas personas, ¿ellos se vuelven atrás? Entonces, habré perdido mi tiempo y podría salir más afectado porque uno le toma cariño a la gente que ayuda. ¡Mejor desisto de la idea!». Analicemos estos pensamientos. Muchos podrían pensar que se trata de egoísmo o que son simplemente excusas, pero, si examinamos con atención, la realidad es que son pensamientos propiciados por el temor. Temor a que lo que hagamos no sirva, temor a ser heridos, temor a sufrir en el proceso. Por eso, hay gente que nunca se enamora o no se compromete con nadie y con nada... por TEMOR.

«Sino que el amor **perfecto**
echa fuera el **temor**...»
(1 Jn 4.18, NVI, énfasis propio).

¿TE HAS PREGUNTADO CÓMO ES TU AMOR?

Imagina por un momento que estás por cruzar una carretera y un camión se aproxima a toda velocidad. Es muy probable que, si te llega a chocar, quedes en estado vegetativo o paralítico. Ante esas opciones, seguramente te llenas de temor, por lo que no cruzas. Ahora, permíteme añadir un elemento adicional a este escenario. Si, además de ver venir el camión, también vieras que uno de tus hijos está en el medio de esa carretera, y tuvieras la oportunidad de salir corriendo y sacarlo, ¿qué harías? Seguramente irías tras él y buscarías salvarlo a como dé lugar. ¿Por qué? Porque, aunque te dé miedo lo que pueda sucederte, **tu amor es más grande que tu temor**. ¡Este es el amor perfecto del que Dios nos está hablando!

Nosotros podemos experimentar muchos temores. Temor a ser rechazados y heridos, a perder nuestro tiempo o dinero, a fracasar y quedarnos sin nada. Sin embargo, Dios nos dice que, si practicamos el perfecto amor que Él ejerció cuando se entregó en la cruz, entonces experimentaremos el poder de ir por encima de todo.

El perfecto amor echa fuera el temor

¿QUIÉN ES NUESTRA FUENTE?

«Porque el espíritu que Dios nos ha dado no nos hace cobardes, sino que **él es para nosotros una fuente** de poder, amor y buen juicio» (2 Ti 1.7, PDT, énfasis propio).

Me parece muy interesante que, aunque la mayoría de nuestro cuerpo es agua, cuando sentimos sed, no podemos ser nuestra propia fuente. Necesitamos ir a una fuente de agua externa para ser saciados. De la misma forma, tú puedes ser una persona amorosa, desprendida, servicial, pero van a llegar momentos en tu vida en los que necesitarás ir a una fuente externa para poder continuar brindando lo que has estado entregando. Dios nos dice en 2 Timoteo que Él ya ha provisto tu fuente: es DIOS mismo. Por lo tanto, cuando sientas que ya lo has dado todo y no te queda más para dar, cuando ya no te queden fuerzas y estés cansado, recuerda que, en lugar de seguir esforzándote y buscando más dentro de ti, puedes ir corriendo a la Fuente de la que brota vida, salud, virtud y tomar de aquel amor que nunca se secará.

¿ESTÁS DISPUESTO A DAR LO QUE HAS RECIBIDO?

Hace unos años tuve una experiencia con Dios que me marcó para siempre. Les contaré.

Lidia (seudónimo) llegó a nuestra congregación expresando un gran deseo por cambiar su vida. ¡Me sentí muy feliz al ver su anhelo por conocer a Dios y ser transformada! Desde aquel momento comencé a invertir tiempo en ella; pasaba horas enseñándole, respondiendo sus preguntas y aconsejándola. Mientras ella crecía y daba frutos, ¡yo me sentía muy feliz y motivada! Sin embargo, luego de un tiempo, Lidia se apartó de los caminos del Señor y volvió a su viejo estilo de vida. Pasados algunos meses, regresó más herida de lo que había llegado la primera vez. Nuevamente, la recibimos y comenzamos desde el principio. Esta historia se repitió una y otra vez durante 10 años. Cada vez que parecía que estaba avanzando, se apartaba y volvía atrás.

Ya a mis veintisiete años y cansada de invertir tanto en alguien que parecía no cambiaría nunca, le dije al Señor: «Padre, ya estoy cansada de trabajar con Lidia. Ver cómo se lastima una y otra vez me da tristeza; ¡me duele ver que no avanza! Ya yo no voy a invertir más tiempo en ella. ¡Estoy cansada!». Al terminar de expresar mi sentir, percibí que Dios me preguntaba: «Christy, ¿cuántos años has pasado sembrando en ella?». Yo le respondí: «¡Casi diez años, Señor!». Entonces, sentí la voz clara de Dios dentro de mí diciéndome: «Yo llevo veintisiete años sembrando en ti y aún me fallas, y yo no me he cansado de ti». En ese momento, solo pude estacionar mi carro y llorar.

¿ESTAMOS DISPUESTOS A DAR LO QUE HEMOS RECIBIDO?

¿Recuerdas las palabras de Jesús en la cruz? «Padre, perdónalos, porque no saben lo que hacen» (Lc 23.24, RVR1960).

Jesús no esperó hasta estar en el reino de los cielos para decirle al Padre que nos perdonara. Mientras Él entregaba Su vida en aquella cruz, entregaba también perdón. Esto es algo que cada uno de nosotros debe imitar. Mientras entregamos nuestra vida, conocimiento, tiempo y amor a otros, vayamos también sembrando perdón por si la cosecha que vemos no es la esperada. Si las personas no lo valoran, si no te pagan como mereces, ya has provisto perdón. Realmente, no estamos haciendo nada heroico; solo estamos depositando en otros lo que Cristo sembró en nosotros.

Oración: «Padre, ayúdanos a imitarte, para que, independientemente del resultado que podamos ver en otros, podamos continuar sirviendo porque nuestro deleite está en obedecerte. En el nombre de Jesús. Amén».

Escribe en tus propias palabras lo que quisieras decirle en este momento al Señor:

_____

_____

_____

_____

Piensa en al menos tres decisiones que debas tomar basado en lo que has aprendido hoy:

1. _____

2. _____

3. _____

Aprendamos a amar sin idolatrar.

Por un tercero me alejé de ti

Capítulo 28

«Y en ningún otro hay salvación,
porque no hay otro nombre bajo el cielo dado a los hombres,
en el cual podamos ser salvos» (Hch 4.12, LBLA).

Hace muchos años una cantante cristiana descubrió que su papá le era infiel a su mamá. Él había sido su ejemplo, alguien a quien ella admiraba mucho y que probablemente había sido el primero en enseñarle a amar a Dios. Tras esa infidelidad, esta mujer se sintió profundamente desilusionada y tuvo una crisis de fe.

Cuando pensamos en las personas que nos han fallado, podríamos encontrar no solo familiares, amistades o parejas, sino que muy probablemente habrá también líderes espirituales. Aquellos que dirigen nuestras vidas espirituales tienden a ser personas importantes que se convierten en modelos que deseamos imitar. Los pastores, maestros, cantantes cristianos o evangelistas son las autoridades que nos enseñan y por quienes sentimos una profunda admiración. Al igual que esta cantante, muchos pueden llegar a tener una crisis de fe o incluso abandonar su relación con Dios luego de haber sido desilusionados por alguno de ellos.

¿Por qué trasladamos nuestras desilusiones con un líder espiritual a nuestra relación con Dios? ¿Por qué abandonamos nuestra fe o dejamos de congregarnos cuando alguno de ellos nos falla? Hoy vamos a dar un salto a la madurez al aprender a enfrentar una crisis como esta en nuestra vida.

LA CAÍDA DE UN LÍDER

De pequeña, solía sentarme frente al televisor con mi mamá para ver a un predicador al que le teníamos un gran respeto y admiración. Este hombre era un elocuente orador que, semana tras semana, atraía a muchos a los pies de Cristo. Además de su inspirador mensaje, durante sus presentaciones, el Espíritu Santo se manifestaba con muchos prodigios, sanidades y milagros. Era impactante ver lo que ocurría cuando ministraba.

Un día nos levantamos con la noticia de que este conocido predicador tenía una doble vida. Por años había mantenido este estilo de vida de pecado sin haber sido descubierto. Recuerdo que, a pesar de que era apenas una niña, lloré con la noticia. ¡No podía creer que mi predicador favorito y mi héroe me hubiese engañado!

La realidad es que la caída de un líder puede sacudirnos enormemente y las preguntas que pueden llegar a nuestra mente tras esta situación tan dolorosa pueden ser muchas. Podemos preguntarnos: «¿Será que todo lo que hemos aprendido es mentira? ¿Los ministros predican una verdad que no viven? ¿Dios usa a las personas, aunque estén viviendo en pecado? Si es así, ¿es Dios cómplice del engaño?». Todas y cada una de estas preguntas son legítimas y tengo la convicción de que Dios nos las responde en Su Palabra.

«Muchos me dirán en aquel día: Señor, Señor, ¿no profetizamos en tu nombre, y en tu nombre echamos fuera demonios, y en tu nombre hicimos muchos milagros? Y entonces les declararé: Nunca os conocí; apartaos de mí, hacedores de maldad» (Mt 7.22-23, RVR1960).

Estos versículos nos hablan claramente de lo que acontecerá el día del juicio. Personas que predicaban, profetizaban, manifestaban milagros y hasta personas que aparentemente liberaban de demonios se presentarán delante de Dios... pero Él no los reconocerá.

No sé si alguna vez has estado frente a una persona con la enfermedad de Alzheimer. Yo he tenido la oportunidad de estudiar esta triste enfermedad y quisiera, con el mayor de los respetos, utilizarla para ilustrar este principio. Si una persona padece de esta enfermedad, es muy posible que llegue el momento en que, al mirarte, no te reconozca. La miras, y sus ojos te miran, pero, al verte, no conoce tu nombre, ni siquiera el parentesco que hay entre ustedes. Es algo sumamente doloroso.

Permíteme trasladar la descripción de esa terrible enfermedad a lo que nos enseña el versículo. La verdad es que podemos haber cantado hermoso por años en un altar, haber predicado con elocuencia, haber sido testigos de muchos milagros al orar por otros, pero, si vivimos una vida de pecado, un día, cuando nos presentemos ante Dios y por primera vez veamos Sus ojos de amor, Él no nos reconocerá como Sus hijos. Ese día, habrá muchos extraños para Dios. No imagino algo más doloroso que me pueda suceder: ¡mirar a mi Padre celestial y que no me reconozca!

«No os engañéis; Dios no puede ser burlado: pues todo lo que el hombre sembrare, eso también segará» (Gá 6.7, RVR1960).

Es necesario que todos comprendamos que Dios no puede ser burlado ni tampoco Él se burla de nadie. Si una persona, por medio de sus dones, parece mover a las masas al igual que los artistas en sus conciertos o los políticos en sus discursos, eso no significa bajo ningún concepto que Dios esté en el asunto o lo esté aprobando.

UN MOMENTO PARA MÍ

¿Crees que te has alejado del Señor o ha menguado tu fe por eventos con líderes espirituales que te han desilusionado? Explica cómo eso te ha afectado.

JESÚS NO ESTÁ AHÍ

Nunca olvidaré una impactante reflexión que compartió la cantante puertorriqueña Lorell Quiles. Ella comenzó a describir la tumba de Jesús justo después de Su resurrección. Me gustaría que lo imaginaras junto conmigo. Dice la Biblia que, en aquella tumba, estaba el manto de Jesús y, sobre ese manto, estaba derramada la misma sangre de Jesús. Además de Su manto y Su sangre, también había ángeles que habían sido enviados para ese momento. La realidad es que, si tú y yo viéramos que hay ángeles de Dios, que está el manto de Jesús y que hasta está Su sangre, ¡pensaríamos que Jesús esta allí! Sin embargo, no era así. Aunque estaba todo lo necesario para que la gente pensara que Él aún seguía ahí, realmente no era así: ¡Jesús no estaba en ese lugar! De la misma manera, podría parecer que lo tenemos todo en nuestros templos y servicios: la música puede ser hermosa, las voces angelicales, nuestras representaciones dignas de aplausos e incluso podrían suceder prodigios, pero eso no significa que Jesús continúe presente en medio nuestro.

«Respondiendo Jesús, les dijo: "Mirad que
nadie os engañe"» (Mt 24.4, RVR1960).

Los dones son irrevocables. Eso significa que no nos serán quitados. Es por esto que no podemos pensar que, porque alguien manifieste sus dones de forma extraordinaria, eso significa que su vida agrada a Dios o esté siendo utilizado por Él. La Biblia dice: «Por sus frutos los conoceréis» (Mt 7.16, RVR1960). Nota que no dice «por sus dones», sino «por sus frutos». El fruto no es lo que vemos en el altar, sino que es el estilo de vida de una persona, su conducta, hechos y carácter. Es el amor, la sujeción y la integridad que se manifiestan en su vida pública y privada. Basados en esta gran verdad, hubo Alguien cuyos frutos nos hablaron de un amor obstinado, genuino, lleno de santidad y justicia: ¡JESÚS! Únicamente en Él debemos colocar nuestra mirada, en nadie más. Él es el único que merece ser admirado e imitado.

Que nos apartemos de Dios o que nuestra fe tambalee no es culpa de nuestro líder espiritual y tampoco es culpa de Dios. La verdad es que **nosotros somos los responsables porque elegimos colocar nuestra mirada en otros seres humanos en lugar de ponerla en Jesús.**

PUESTOS LOS OJOS EN JESÚS

«... corramos con paciencia la carrera que tenemos por delante, **puestos los ojos en Jesús, el Autor y Consumador de la fe**» (Heb 12.1-2, LBLA, énfasis propio).

Mi esposo y yo visitamos un conocido acuario en Estados Unidos. Al final del recorrido, había un puente muy inusual por el cual teníamos que pasar. Estaba sobre un tanque enorme lleno de tiburones, pero ese no era el problema. Lo realmente inquietante es que el puente no era de cemento, sino de sogas. Ese trayecto era bastante largo y el puente se movía todo el tiempo, por lo que teníamos que ir agarrándonos de todas las cuerdas, mientras grandes tiburones nadaban debajo de nosotros. Aunque me imagino que esta atracción podía resultar muy divertida para los niños, para mí fue más espeluznante que divertida. Mi esposo se dio cuenta de mi reacción y me dijo: «No mires hacia abajo. Mira hacia al frente. Enfócate en lo que tienes delante».

Permítanme utilizar esta experiencia como una ilustración para entender mejor lo que nos enseña el Libro de Hebreos, porque la verdad es que la única manera de poder terminar exitosamente la carrera de la vida cristiana es hacer lo que mi esposo me invitó hacer ese día.

Si, en el transcurso de nuestra vida, nos fijamos en el camino, es decir, en las circunstancias que nos rodean, lo más probable es que nos llenemos de miedo. Si nos enfocamos en las criaturas que nos rodean y sus «dientes filosos», es decir, los otros seres humanos imperfectos como nosotros, sus caídas, errores o maldad, seguramente terminemos claudicando. Pero, si colocamos con mucha firmeza nuestros ojos solo en Jesús, terminaremos la carrera que hemos comenzado.

El Libro de Hebreos no exhorta a que coloquemos nuestra mirada en nuestra pareja cristiana, en el líder de la congregación, en nuestros padres, gobernantes, maestros, pastores o cantantes. Lo que enseña con absoluta claridad es que miremos a Jesús porque es en Él donde nace y se completa nuestra fe. Piensa en esto:

- Las parejas cristianas pueden desilusionarte; Cristo nunca lo hará.
- Los amigos vienen y van. Cristo permanece para siempre.
- Los mentores puede que no estén para dirigirte cuando más los necesites, pero en Jesús siempre encontrarás dirección.
- Los pastores pueden fallar de todas las maneras posibles, pero en Jesús siempre encontrarás al fiel Pastor que nunca falla.
- Los líderes no son tu salvador; Cristo es el único Salvador.

Nuestra fe tiene que estar basada en Jesús. Nuestra relación con el Padre tiene que estar basada en Jesús. El servicio que ofrecemos en nuestra congregación tiene que estar basado en Jesús. ¡Cada cosa que hacemos es por y para Jesús!

«Y todo lo que hagáis, hacedlo de corazón,
como para el Señor y no para los hombres»
(Col 3.23, RVR1960, énfasis propio).

DÓNDE PONGO MI CONFIANZA

Nosotros tendemos a abrazar y colocar nuestra fe en aquella cosa o persona que podemos ver. Es por esa realidad humana que podemos llegar a cometer el error de apartar nuestra fe en Cristo, a quien no vemos con nuestros ojos físicos, y colocarla en el líder espiritual a quien sí vemos. Sin embargo, mira lo que enseña el Señor:

«Esto dice el Señor: "Malditos son los que **ponen su confianza en simples seres humanos**, que se apoyan en la fuerza humana y **apartan el corazón del Señor**"» (Jer 17.5, énfasis propio).

La Biblia es clara en cuanto a las repercusiones de depositar toda nuestra confianza en los seres humanos. Hacer tal cosa no nos bendecirá, sino que, por el contrario, resultará en maldición para nuestra vida.

Hay personas que han renunciado a su relación con Dios y hasta han abandonado la fe como consecuencia de los errores que cometieron sus líderes espirituales. Entonces, piensa si no es cierto que entregar toda nuestra confianza a un ser humano se convierte en una gran maldición.

«Porque Él sabe de qué estamos hechos,
se acuerda de que somos solo polvo»
(Sal 103.14, LBLA).

Hay una realidad que no se puede ignorar: por más conocimiento o dones que posea una persona a quien admiras, todos, sin distinción, somos simples seres humanos; todos somos polvo. Ver a alguien predicar, cantar o tocar un instrumento con una habilidad impresionante puede crear en nosotros una profunda admiración, y eso no está mal. El error consiste en idealizarlo por ello, haciendo que ocupe un lugar en nuestra vida que no le corresponde a ningún ser humano, sino solo a Dios. Es indispensable que continuemos madurando espiritualmente, viviendo una experiencia de intimidad diaria con Dios para que nuestra fe esté cimentada únicamente en nuestra relación con Él y Su Palabra.

Oración: «Gracias, Señor, por pagar un alto precio para que no haya intermediarios entre tú y yo. Desde hoy me comprometo contigo a no basar nuestra relación en ningún otro fuera de ti. Por Jesús. ¡Amén!».

Escribe en tus propias palabras lo que quisieras decirle en este momento al Señor:

_____

_____

_____

_____

Piensa en al menos tres decisiones que debas tomar basado en lo que has aprendido hoy:

1. _____

2. _____

3. _____

Quien no honra no ama.

La iglesia

Capítulo 29

«Él hace que todo el cuerpo encaje perfectamente.
Y cada parte, al cumplir con su función específica,
ayuda a que las demás se desarrollen,
y entonces todo el cuerpo crece
y está sano y lleno de amor»
(Ef 4.16).

Lisa es citada para una entrevista en la compañía donde ha deseado trabajar desde hace algún tiempo. Al llegar, se sienta en la sala de espera mientras mira detenidamente los retratos que están colgados en la pared. Uno de ellos dice «fundador», otro «presidente», «vicepresidente» **y así sucesivamente se destaca por todo el corredor el resto del directorio de la compañía.**

A los seres humanos nos gusta pensar en términos de títulos y rangos. Consideramos que tienen mayor éxito los que han alcanzado posiciones más altas en sus ocupaciones y trabajos, y tratamos a estas personas con mayor respeto y deferencia. El reino de Dios es totalmente diferente a nuestra visión de mundo. En el reino de Dios, todos tenemos el mismo valor y nuestra grandeza está en servir al único Dios verdadero.

LA BELLEZA DEL CUERPO

«Y él mismo constituyó a unos, apóstoles; a otros, profetas;
a otros, evangelistas; a otros, pastores y maestros,
a fin de perfeccionar a los santos para la obra del ministerio,
para la edificación del cuerpo de Cristo» (Ef 4.11-12, RVR1960).

Veamos con detenimiento qué señalan estos versículos. ¿Acaso dicen que Dios constituyó a unos dioses y a otros semidioses para que los adoremos? ¡De ninguna manera! La Carta a los Efesios señala claramente que existen funciones de servicio dentro del cuerpo, no jerarquías. En el cuerpo de Cristo solo hay una cabeza, el Señor Jesucristo. Todos los demás somos hijos amados, comprados a precio de sangre con habilidades y dones para desempeñar una función particular dentro de la unidad de ese cuerpo.

Cada integrante del cuerpo de Cristo ha sido llamado, ya sea en función de pastor, maestro, evangelista o en cualquier otro rol, para servir en unidad junto a otros hermanos. Ninguna función es más alta que otra; simplemente son diferentes, pero todas son útiles para la edificación de todos los miembros y para la gloria de Dios.

> Cada uno de nosotros, ya sea que esté
> expuesto o en el anonimato, es un simple
> servidor del único Dios verdadero.

NO SON JERARQUÍAS, SINO FUNCIONES

Lisa fue llamada a la sala de juntas, la cual todavía estaba vacía, con excepción de un hombre mayor que estaba allí terminando de limpiar el lugar. Al entrar, Lisa se tropezó sin querer con él y los paños que este tenía en su mano cayeron al piso. Lisa le pidió que le permitiera recogerlos y muy gentilmente los colocó en una cubeta que el hombre traía en su mano. «Pase buen día, señor», le dijo Lisa con una hermosa sonrisa y luego se sentó a esperar a su entrevistador. Para su sorpresa, el hombre soltó la cubeta y le dijo: «**¿Es usted Lisa Rivera?**». Ella, asombrada, respondió afirmativamente. El empleado le extendió su mano y se presentó: era el gerente de la compañía y comenzaba todas las entrevistas haciéndose pasar por un empleado de mantenimiento para observar la actitud de los entrevistados hacia las personas de menor rango.

¡Qué importante es entender que el valor y el respeto de cada persona no es definido por la posición que ocupa, sino por el valor que Cristo le ha dado! Tristemente, la iglesia no está exenta de esta errada cosmovisión. Muchos tratan con una actitud casi de devoción idolátrica al que predica en el altar o a los que llenan conciertos adorando, mientras que, al ujier que les indica dónde sentarse en la reunión, lo miran con indiferencia y hasta lo ofenden si sus indicaciones no son de su agrado. Aun dentro del cuerpo, donde todos somos iguales delante del Señor, tendemos a otorgarles mayor valor a las personas por la función que desempeñan, porque confundimos las funciones con un orden jerárquico. Si alguien tiene el don de enseñanza o si sus oraciones traen sanación, entonces inferimos que su llamado es mayor o que tiene más unción que, por ejemplo, el que limpia el templo. El reino de Dios no funciona así; todos servimos desde esferas distintas, pero cada posición es igual de honrosa y necesaria. Todas ellas, sin distinción, son posiciones de servicio al gran Dios verdadero.

Jesús no dio Su vida por maestros, predicadores, cantantes, dramaturgos o músicos. Jesús dio Su vida por la humanidad que ha creado con amor. El haber sido pensados, creados y amados por Él es lo que nos hace valiosos, no la función que desempeñamos. Justamente, la cosmovisión errada del mundo que permea muchos cristianos es lo que conduce a unos a la idolatría y a otros al orgullo. Es triste ver ministros que convierten el altar en un escenario para engrandecerse a sí mismos, y mucho más triste es que otros nunca logran sentirse satisfechos con su desempeño en la congregación porque existe una valoración equivocada establecida por jerarquías o títulos. Tenemos que ser muy sabios para mantener al cuerpo sano, con la visión que Cristo estableció para Su iglesia.

UN MOMENTO PARA MÍ

Honestamente, ¿tu admiración o actitud hacia tus hermanos varía de acuerdo al ministerio que tienen o la función que ejercen? En cuanto a ti mismo, ¿te has subestimado o sobreestimado por la función que desempeñas dentro de la iglesia?

_____

_____

_____

_____

¿Qué función desempeñas tú dentro del cuerpo? Si es que no tienes ninguna función en este momento, te invito a escribir aquí una oración. Pídele a Dios dirección para que puedas ocupar tu lugar dentro del cuerpo de Cristo.

_____

_____

_____

_____

AUTORIDADES DELEGADAS

Si bien es cierto que todos somos iguales delante de Dios a pesar de que ejercemos distintas funciones, no es menos cierto que Él ha delegado autoridad para cuidar y enseñar. Presentaré este principio de la siguiente manera:

Si visitas una escuela, encontrarás maestros que están a cargo de diferentes grupos de estudiantes. A cada maestro se le ha delegado autoridad para enseñar, establecer orden, cuidar de los estudiantes e impartir disciplina. A esto se lo conoce como autoridad delegada. El director otorga autoridad a una persona cualificada tanto por su conocimiento académico como por su actitud moral para estar frente a un grupo. De esta misma manera, Dios ha establecido autoridades aptas para que enseñen, dirijan y cuiden al pueblo. Ellos son autoridades delegadas por Dios para hacer esta función y, aunque en ninguna manera deben ser idolatrados, sí deben ser estimados, honrados y obedecidos (siempre y cuando sus instrucciones no vayan en contra de lo establecido por Dios, quien es nuestra máxima autoridad).

El autor de Hebreos lo dice con suma claridad: «Obedezcan a sus líderes espirituales y hagan lo que ellos dicen. Su tarea es cuidar el alma de ustedes y tienen que rendir cuentas a Dios. Denles motivos para que la hagan con alegría y no con dolor. Esto último ciertamente no los beneficiará a ustedes» (Heb 13.17).

Hay quienes tristemente, aun llamándose cristianos, no se sujetan a nadie; no respetan ni reconocen autoridad. Esto puede deberse a varias razones. Puede ser que estén reproduciendo conductas aprendidas. Hay quienes crecieron en entornos donde no se respetaba la autoridad y era común escuchar a los padres hablando mal o en contra de sus jefes, líderes espirituales o de su propia familia. Estas conductas se aprenden e imitan. Otra razón puede ser el orgullo, ese sentimiento que nos hace creer que sabemos más que los demás o que realizaríamos su función mejor que ellos. El orgullo nos lleva continuamente a estar señalando y criticando a las autoridades. Es necesario que examinemos nuestro corazón y entendamos que esto es pecado.

Es necesario que entendamos que los líderes espirituales son siervos puestos por Dios para cuidar de nosotros, por lo que debemos escucharlos con respeto y deferencia, teniéndolos siempre en alta estima. Hay un evento realmente extraordinario que sucedió cuando parte del pueblo de Dios se rebeló contra Moisés mientras estaban en el desierto. Dice la Biblia:

«[La intención] era incitar una rebelión contra Moisés. En dicha rebelión participaron doscientos cincuenta varones, todos miembros principales del consejo y personas de renombre en el pueblo. Se presentaron delante de Moisés y les dijeron: —Ya los hemos soportado bastante. Ustedes no son mejores que los demás...» (Nm 16.2-3, NBV).

Es común que, cuando una persona se revela contra la autoridad, busque aliados para conspirar en contra de sus líderes. En lugar de ser leales y hablar con sus autoridades acerca de lo que no entienden o les preocupa, van y hablan de forma negativa con otras personas en contra de ellos. Dios mira con tanto desagrado este tipo de corazón y actitud que observen con atención lo que ocurrió en esta historia:

«Y Moisés les dijo: "Esta es la manera en que sabrán que el Señor me ha enviado a realizar todas estas cosas, pues no las he hecho por mi propia cuenta. Si estos hombres mueren de muerte natural o si nada fuera de lo común les sucede, entonces el Señor no me ha enviado; pero si el Señor hace algo totalmente nuevo y la tierra abre su boca y se los traga con todas sus pertenencias y descienden vivos a la tumba, entonces ustedes sabrán que estos hombres mostraron desprecio por el Señor".

Apenas Moisés terminó de decir estas palabras, la tierra repentinamente se abrió debajo de ellos. La tierra abrió la boca y se tragó a los hombres, junto con todos los de su casa y todos sus seguidores que estaban junto a ellos y todo lo que poseían. Así que descendieron vivos a la tumba, junto con todas sus pertenencias. La tierra se cerró encima de ellos y desaparecieron de entre el pueblo de Israel…» (Nm 16.28-33).

¡Qué impactante historia! Dios les quitó la vida y los sacó de en medio de la congregación. El deshonrar a nuestros líderes espirituales no es algo que Dios toma con liviandad. Es necesario que, en medio de un mundo que no reconoce autoridad, se levante un pueblo diferente. Uno que honre y respete a las autoridades delegadas por Dios en todas las esferas. Honremos no solo a los líderes espirituales, sino también a nuestros padres, profesores, gobernantes, jefes y todo tipo de liderazgo.

Observa el siguiente versículo:

«Honra a tu padre y a tu madre, para que tus días se alarguen en la tierra que Jehová tu Dios te da» (Éx 20.12, RVR1960).

En este versículo, la autoridad delegada a la que se hace mención les pertenece a los padres. El honrarlos trae consigo una promesa de vida. La deshonra, como vimos hace un momento, acarrea maldición, pero la honra trae consigo bendición. Tengamos un corazón correcto siempre hacia la autoridad. No permitamos que entre a nuestra vida la rebelión. Si, por alguna razón, no estamos de acuerdo o no entendemos algo de alguna de nuestras autoridades, vayamos con amor y expresémosle nuestro sentir y preocupación. Si has hablado en contra de ellos o has hecho algo indebido, pídeles perdón y ponte a cuentas con ellos. De la misma forma, en la esfera eclesiástica específicamente, si Dios te ha dirigido a cambiarte de congregación, primero reúnete con tu pastor y agradécele el tiempo que invirtió en ti. Que cada actitud y motivación de nuestro corazón sea siempre agradable a Dios. No podemos decir que amamos a Dios y nos sujetamos a Él si deshonramos a las autoridades que cuidan de nosotros. «Si alguno dice: Yo amo a Dios, y aborrece a su hermano, es un mentiroso; porque el que no ama a su hermano, a quien ha visto, no puede amar a Dios a quien no ha visto» (1 Jn 4.20, LBLA).

UN MOMENTO PARA MÍ

Piensa por un momento en la actitud que asumes hacia tus autoridades (padres, profesores, líderes espirituales). Escribe a continuación si hay algo que necesitas hacer al respecto.

_____

_____

_____

Si hay algo que debe distinguir siempre a la iglesia es la honra y el amor. Yo sé que no todas las autoridades son buenas. Sé que hay algunos que incluso nos han hecho daño y que verdaderamente no deben estar en el lugar que ocupan, pero, mis amados lectores, este camino de sanidad y madurez que hemos emprendido no se trata de ellos; se trata de nosotros. Dios es justo: Él ve todas las cosas y en Su tiempo hace justicia al agraviado. Nuestro deber y responsabilidad es obrar en rectitud; de lo demás se encarga Él.

Oración: «Padre, te agradezco el privilegio de que en los cielos yo sea reconocido como un miembro de tu iglesia aquí en la tierra. Ayúdame a ser un miembro sano y útil que se sujete a la autoridad y te honre con su obediencia. Por Jesús. Amén».

Escribe en tus propias palabras lo que quisieras decirle en este momento al Señor:

_____

_____

_____

_____

Piensa en al menos tres decisiones que debas tomar basado en lo que has aprendido hoy:

1. _____

2. _____

3. _____

No podemos ser activos en la agresión y pasivos en el arrepentimiento.

Restitución

Capítulo 30

«No tengan deudas pendientes con nadie...»
(Ro 13.8, NVI).

Carolina es gerente en una prominente compañía automotriz. Desde hace unos años, descubrió la forma de robar pequeñas cantidades de dinero en algunas transacciones sin ser descubierta. Recientemente, una amiga le envió un video de una chica cristiana que hablaba sobre el amor de Dios y cómo este transformaba nuestra vida. Carolina fue tocada por el Espíritu de Dios mientras escuchaba esas palabras. Ella tenía una gran necesidad que no sabía cómo resolver, pero que, en aquel instante, estaba siendo cubierta. Mientras Carolina era revestida por el amor de Dios, le entregó su vida a Cristo repitiendo la oración de salvación que le invitaba hacer la chica del video.

Al día siguiente, Carolina llegó temprano como de costumbre a su trabajo, pero, al sentarse frente a la computadora, sintió la profunda convicción de que lo que había estado haciendo no era correcto y necesitaba hacer algo al respecto.

Permíteme preguntarte cuál de las siguientes opciones crees que es la correcta en la vida de Carolina:

- Aceptar internamente que estuvo haciendo algo mal y entristecerse por ello ( ).
- Aceptar internamente que estuvo haciendo algo mal y pedir perdón a Dios ( ).
- Aceptar internamente que estuvo haciendo algo mal, pedir perdón a Dios y confesar lo que hizo a sus superiores ( ).
- Aceptar internamente que estuvo haciendo algo mal, pedir perdón a Dios, confesar lo que hizo a sus superiores y devolver el dinero que robó ( ).

Más allá de la alternativa que hayas señalado, todos estaremos de acuerdo con que la última es la más desafiante y difícil; sin embargo, es la correcta. Devolver lo que tomaste, por más vergonzoso que pueda ser, aun entendiendo las consecuencias negativas que esto pueda traer, es lo correcto. A esto se le conoce como RESTITUCIÓN.

Restituir = volver a su forma original

Según la definición de *restituir*, Carolina debe hacer que el balance actual de la compañía sea igual al que habría sido si ella no hubiera robado.

A cada cristiano se nos ha dado la oportunidad y el mandato de confesar nuestro pecado, arrepentirnos y restituir. Pablo les enseñó esto a los destinatarios de su carta en la iglesia en Roma:

«Paguen a cada uno lo que le corresponda: **si deben** impuestos, **paguen** los impuestos; **si deben** contribuciones, **paguen** las contribuciones; al que **deban** respeto, muéstrenle respeto; al que **deban** honor, ríndanle honor. **No tengan deudas pendientes con nadie**...» (Ro 13.7-8, NVI, énfasis propio).

La Palabra de Dios es clara: no
deban; paguen y restituyan.

TIPOS DE DEUDAS

Posiblemente se nos hace fácil identificar qué es lo que debemos restituir cuando lo que debemos es dinero. Sin embargo, hay otros tipos de deuda. Observemos que Pablo hace mención a que también podemos deber honra y honor.

Quizás en algún momento podemos ofender, desacreditar o menospreciar a alguien. Cuando hacemos esto, no les mostramos respeto y honor a nuestros semejantes. Si en cualquier esfera de nuestra vida hemos fallado en esto, comenzando por nuestros padres, cónyuges, hijos, parientes, líderes espirituales, hermanos de la iglesia del Señor, compañeros de trabajo o amigos, nuestro deber es pedir perdón y restituir.

Es importante que volvamos las cosas al estado original antes de nuestra desafortunada intervención. Quizás alguien que estaba sano ha quedado herido por nuestra conducta o palabras. Alguien que quizás confiaba en los demás hoy no cree en nadie; alguien que se mostraba amigo, luego de ser traicionado por nosotros, hoy opta por la soledad. Es mucho el daño que los seres humanos podemos provocar aun sin quererlo, y es necesario que entendamos que, más allá de nuestra percepción de lo que pudo haber pasado, siempre debemos obedecer a Dios. El Libro de Romanos no dice que mostremos honor a quien lo merezca, sino a quien se lo debamos.

¿A quiénes les debes honra y honor?

Existen también otros tipos de deuda que necesitamos pagar, como lo son las deudas de tiempo. Por ejemplo, hay padres que, por separación, divorcio, exceso de trabajo u otras actividades, les han robado tiempo a sus hijos. Cuando estos padres le entregan su vida a Dios, no solo deben confesar este error, no solo deben pedirles perdón a sus hijos, sino que también deben compensar a sus hijos por su ausencia, dedicándoles tiempo de calidad.

> La restitución trae sanidad al que la
> recibe y libertad al que la ofrece.

Hay personas que nunca han sido libres de su dolor o cargas porque no han restituido y sus consciencias no los dejan tranquilos. No podemos hacer volver el tiempo atrás ni cambiar lo que hemos hecho, pero hay algo que sí podemos hacer: podemos desde hoy actuar de forma distinta, brindando honra y honor al que se la debamos.

UN MOMENTO PARA MÍ

Te invito a pedirle al Señor que te muestre si tienes alguna deuda pendiente de cualquier tipo con alguien. Escribe a continuación lo que el Señor te muestre que hiciste mal y cómo podrías compensar el daño causado.

Recuerda: no podemos ser activos en la agresión y pasivos en el arrepentimiento.

_____

_____

_____

UNA HISTORIA BÍBLICA DE RESTITUCIÓN

Zaqueo era jefe de los publicanos, los recaudadores de impuestos para Roma, en Jericó. Los recaudadores de impuestos muchas veces oprimían al pueblo injustamente al exigirles pagar más de lo que podían. Zaqueo mismo se beneficiaba con esta opresión, por lo que él, lo admitiera o no, estaba en una posición de deuda ante el pueblo. Observa lo que sucedió luego de tener un encuentro personal con Jesús:

«Pero Zaqueo dijo resueltamente: —Mira, Señor: Ahora mismo voy a dar a los pobres la mitad de mis bienes y, si en algo he defraudado a alguien, le devolveré cuatro veces la cantidad que sea. —Hoy ha llegado la salvación a esta casa —le dijo Jesús—» (Lc 19.8, NVI).

¡Qué poderoso testimonio de transformación! Cuando Jesús entró a casa de Zaqueo, se produjo en este hombre la necesidad de RESTITUIR, es decir, de compensar a los que había agraviado. Zaqueo no podía simplemente sentirse mal por lo que había hecho, no podía simplemente ignorar el daño causado, no podía tan solo pedir perdón a Jesús y nada más. Zaqueo necesitó RESTITUIRLES a las personas lo que les había quitado injustamente. Esto es lo que Jesús hace: produce en nosotros el querer como el hacer Su buena voluntad (Fil 2.13).

Amados lectores, no podemos simplemente aceptar que hemos obrado mal; tenemos que asumir nuestra responsabilidad. Debemos pagar nuestra deuda: ya sea una deuda de amor, tiempo, honra, respeto o dinero. En cada área de nuestra vida, es necesario compensar al que hayamos dañado.

CUATRO GRANDES VALLAS

Seguramente has escuchado o visto carreras de obstáculos. Lo particular de este tipo de competencia es que los corredores deben saltar por encima de vallas durante la carrera. Al igual que estos atletas, cada uno de nosotros tendremos que ir por encima de grandes vallas cuando emprendemos la carrera de la restitución. Veamos algunas de ellas:

Valla 1: La ignorancia

Si reconoces que has actuado mal, pero no sabes qué puedes hacer para restituir, te invito a hacer dos cosas. Primeramente, ora a Dios y pídele que te revele cómo debes restituir; permite que sea Él quien te dirija. Lo segundo que puedes hacer es ir a la persona que ofendiste y, luego de pedirle perdón, expresarle tu deseo de restituir preguntándole: ¿Podrías ayudarme a saber cómo enmendar mi error?

Valla 2: La indiferencia

Quizás pienses: «Eso ya pasó; mejor actúo como si nada». Créeme cuando te digo que las heridas nunca se curarán así. El dolor permanece debajo de la piel y pudre el alma, a veces sin que nadie lo note. Creo que las heridas del corazón son como el cáncer en el cuerpo; son células enfermas que crecen sigilosamente, matando el cuerpo sin que nadie las vea. El tiempo no las cura; por el contrario, se vuelve un aliado a favor del dolor. No esperes hasta que la persona que heriste tenga el corazón con una metástasis que inunde todas las áreas de su vida para hacer algo al respecto. La indiferencia no sana a nadie.

Valla 3: La vergüenza y el miedo

Podrías pensar: «Después de haberle hablado como le hablé o haberle hecho lo que le hice, no me atrevo a acercarme para tratar lo sucedido». Es natural que, cuando hemos hecho algo incorrecto, sintamos vergüenza y experimentemos temor ante la posible reacción de la otra persona. No obstante, es necesario ir por encima de los sentimientos de temor y vergüenza para hacer lo que es correcto.

En la Biblia encontramos la historia de los hermanos Jacob y Esaú. Génesis relata cómo Jacob le robó a su hermano la bendición de la primogenitura junto con todos los bienes que esa posición representaba. Esaú se llenó de ira al enterarse de lo que su hermano había hecho y lo buscó para matarlo. Jacob no tuvo más remedio que huir lejos. Pasados los años, Jacob decidió regresar y llegó el momento del reencuentro. No imagino el terror y la vergüenza que tuvo que haber experimentado Jacob. La Biblia nos dice que «Jacob tuvo gran temor, y se angustió» (Gn 32.7, RVR 1960).

Es evidente que encontrarse con su hermano no fue una decisión fácil para Jacob, pero era necesario enfrentar el pasado y hacerse responsable por sus acciones. Si leemos la historia con detenimiento, encontramos que Jacob sentía la urgente necesidad de resarcir a Esaú.

> «Y dijo Jacob: No, yo te ruego; si he hallado ahora gracia en tus ojos, acepta mi presente, porque he visto tu rostro, como si hubiera visto el rostro de Dios, pues que con tanto favor me has recibido. Acepta, te ruego, mi presente que te he traído, porque Dios me ha hecho merced, y todo lo que hay aquí es mío. E insistió con él, y Esaú lo tomó» (Gn 33.10-11, RVR 1960).

Algo que capta mucho mi atención en esta historia es que, al principio, Esaú no quería aceptar los regalos que Jacob le había traído. Esaú ya lo había perdonado en su corazón, por lo que lo consideraba completamente innecesario. Sin embargo, él se dio cuenta de la necesidad que tenía Jacob de restituir y por eso aceptó sus presentes. Es importante que puedas entender que, si alguien te lastimó y siente la necesidad de compensarte, lo recibas. Esto traerá libertad y sanidad a esa persona.

La Biblia relata que este fue un encuentro glorioso, lleno de restauración y perdón. «Pero Esaú corrió a su encuentro y le abrazó, y se echó sobre su cuello, y le besó; y lloraron» (Gn 33.4, RVR1960). ¡Cuánto hubiese perdido Jacob si no hubiese sobrepasado la valla de la vergüenza y el temor!

Valla 4: El orgullo

Por último, la valla del orgullo. El orgullo es esa actitud oscura que nos hace pensar que no tenemos por qué pedir perdón, que el otro fue quien provocó nuestra conducta, que se lo merecía. Ese pecado sombrío que nos convierte en jueces de otros y abogados nuestros. El orgullo contamina al ser humano, es abominación a nuestro Dios y todos los que lo practican serán castigados.

> «El Señor detesta a los orgullosos.
> Ciertamente recibirán su castigo» (Pr 16.5).

Renunciemos a todo orgullo

Cada uno de nosotros tiene que ir por encima de esas vallas para poder llegar a su meta que es la restitución. Recordemos que contamos con la gran ayuda del Espíritu Santo para poder lograrlo.

UN MOMENTO PARA MÍ

¿Cuáles de estas vallas identificas en tu vida y qué tienes que superar en tu vida para poder restituir?

_____

_____

_____

Dios anhela que encontremos alegría en devolver a otros lo que les hemos quitado. Honremos a quienes debimos honrar, dediquémosle tiempo a quienes se lo debamos, devolvamos el dinero a quien se lo hayamos quitado. No debamos nada a nadie; imitemos el carácter hermoso de nuestro Dios.

Dios de restitución

La Biblia relata la historia de un hombre a quien le fue quitado casi todo lo que tenía; desde sus amados hijos y su preciada salud hasta su ganado y pertenencias. Sin embargo, pasado el tiempo, Dios le devolvió el doble de lo que tenía antes. «Y quitó Jehová la aflicción de Job [...] y aumentó al doble todas las cosas que habían sido de Job» (Job 42.10, rvr1960).

¡Nuestro Padre celestial es un Dios de RESTITUCIÓN! ¡Él se goza cuando le devuelve al hombre lo que perdió! Él es el Dios que dice: «Les devolveré lo que perdieron a causa del pulgón, el saltamontes, la langosta y la oruga...» (Jl 2.25).

Más allá de lo que perdiste o te robaron en el camino: tu salud emocional, tu identidad como hijo de Dios o tu lugar como miembro de la Iglesia del Señor, Dios ha venido a devolvértelo todo. De eso se ha tratado todo este libro: RESTITUCIÓN. Dios quiere que recibas todo lo que Él ha diseñado y preparado para ti. Nos ha mostrado en el transcurso de cada estudio lo que debemos hacer para alcanzarlo; ahora nos toca a nosotros poner en práctica y obedecer cada principio para poder vivir... ***UNA VIDA MEJOR***.

Oración: «Padre, te agradezco por el tiempo que has invertido en enseñarme. Gracias por cada principio que me acerca a ser la persona que quieres que sea. Te pido que me ayudes a vivir lo que he aprendido. Por Jesús. Amén».

Escribe en tus propias palabras lo que quisieras decirle en este momento al Señor:

_____

_____

_____

_____

Piensa en al menos tres decisiones que debas tomar basado en lo que has aprendido hoy:

1. _____

2. _____

3. _____

Agradecimientos

A mi Padre celestial, quien me ha creado, enseñado, sostenido y amado. *Gracias por cada pensamiento que me has dedicado; me haces sentir en extremo amada y cuidada.*

A mi amada familia, especialmente a mi tan querido abuelo, Luis «Pacho» Monrouzeau, quien ha sido un ejemplo de ternura, integridad, constancia y amor. A mi mamá, Selmy Monrouzeau, y a mi amado esposo, Elvin Talavera, quienes han estado conmigo en los momentos más difíciles, así como en los más gratos; y han tomado el tiempo para leer esta obra con dedicación. *Gracias por sus cuidados y su amor. ¡Me siento tan dichosa de tenerles en mi vida! Los amo profundamente.*

A mi estimada audiencia. Desde que comencé en la radio me comunicaron su deseo de tener el material que compartía en los programas radiales, por lo que fue la audiencia la que me motivó a pensar seriamente en crear libros que fueran esa herramienta necesaria para su crecimiento emocional y espiritual. *Su necesidad fue mi motivo y su amor constante mi motor.*

A Cristopher Garrido de HarperCollins Christian Publishing por darme la oportunidad de publicar mi primer libro con esta gran editorial. *Gracias por creer en mí, Cris. Gracias por tus oraciones cuando enfermé y por tu apoyo constante. Gracias por guiarme en todo este proceso y por ser amigo. Eres un modelo de lo que debe ser un profesional del reino de Dios.*

A José «Pepe» Mendoza, editor de contenido, por enriquecer con sus conocimientos esta obra con tanta excelencia y dedicación. *¡Qué privilegio es conocerte, Pepe! ¡Eres un ser humano extraordinario! Gracias, de todo corazón, por tu dirección, sensibilidad, sabiduría y humildad.*

A todo el equipo de Vida quienes estuvieron mano a mano conmigo en cada detalle del libro para que este fuera la hermosa obra que es. *¡Gracias por hacerme parte de su equipo, porque eso somos!*

Por último, pero no menos importante, te agradezco a ti, querido lector, por decidir invertir en tu vida al adquirir esta obra. Oro para que el tiempo que dediques a ella, sea uno donde el Espíritu Santo traiga a tu vida la verdad que necesitas para ser transformado y bendecido. *Amado lector: todo el esfuerzo, se ha tratado de ti.*